그 골목은 존재하지 않았다

명상과 철학, 그리고 삶의 균열 속에서 건져낸 사유의 이야기

그 골목은
존재하지 않았다

당신이 믿는 현실은, 진짜가 아닐지도 모른다
마음과 현실의 경계를 보다

여상운 지음

프롤로그 : 우리가 믿어온 현실

우리는 눈앞에 있는 것을 '현실'이라 믿으며 살아간다.
그러나 그 믿음은, 종종 모래 위에 그린 그림처럼
쉽게 흩어진다.
길이라 생각했던 곳이 막다른 벽이었고,
없는 줄 알았던 문이
어쩌면 가장 가까이에 있었다는 걸,
여러 번 경험했다.
이 책은 그 순간들에 대한 기록이다.
명상과 사유, 그리고 삶의 균열 속에서
발견한 경계의 이야기다.
보이는 것과 보이지 않는 것,
존재하는 것과 존재하지 않는 것 사이의 공간을
오래 바라보았다.
그곳에서 우리는 누구인지,
또 어디로 가야 하는지를
되묻는 질문의 꽃들이 피어난다.

이 글은 아주 오래전부터
내 안에 머물러 있던 사유를 모은 것이다.
때로는 단정적인 말투가 등장하지만,
그 말들을 너무 날카롭게
받아들이지 않기를 바란다.
오랜 세월 동안 묻고 또 물으며
조심스레 다다른 생각들이기에,
그저 있는 그대로 나눌 수밖에 없었다.

이 책은 다음과 같은 이들이
한나절 가볍게 읽을 수 있는 책이다.
나는 누구인가, 이 현실은 진짜일까,
보다 근원적인 질문을 품고 사는 사람,
명상과 철학을 일상에 맞닿고 싶은 사람,
삶의 방향을 잃었거나 새로운 전환이 필요한 사람,
종교와 과학의 경계를 넘나드는 이야기에

마음이 열려 있는 사람,
어쩌면 현대를 살고 있는 우리 모두에게
이 책은 사유와 공감을 자아낼 것이다.

각 장은 길지 않으면서도, 내용은 무겁지 않다.
짧은 산책처럼 읽히지만,
그 안에서 오래 남는 울림이 있기를 바란다.
우리가 믿어온 현실이 전부가 아닐 수 있다.
이 다섯 개의 길목을 함께 걸으며,
그 너머에 있는 새로운 '골목'을 발견하길 바란다.

2025년 가을

목 차

프롤로그 : 우리가 믿어온 현실

Ⅰ · 혼자걷는 연습

1. 혼자 걷는 연습 … 3
2. 죽으면, 세상도 함께 사라진다 … 8
3. 그 골목은 존재하지 않았다 … 16
4. 보이지 않는 것은 존재하지 않는다 … 22
5. 십이연기에서 생각 끊기 … 28
6. 블랙홀에 저장된 잠재의식 … 36
7. 매트릭스에서 다음 생을 준비하다 … 42
8. 천상천하 유아독존 … 47

II · 길 위에 서다

9. 의식의 시작 57
10. 귀천(歸天) 63
11. 지금, 이 자리에 머물기 67
12. 참회의 눈물, 업장을 녹이다 72
13. 왜 좁은 문으로 가야 하는가 76
14. 현실은 꿈보다 더 이상할지도 81
15. 삼년 기도문 88
16. 젖은 청바지와 맑은 물 93
17. 길을 찾아 떠나다 97
18. 청복과 홍복 104

III · 잃어버린 마음을 찾아서

19. 그저 쳐다보는 일   111
20. 생각이라는 이름의 망상   115
21. 잃어버린 마음을 찾아서   119
22. 고요 속의 그림자   123
23. 생각의 첫 발   129
24. 서툰 무언가가 되자   132
25. '미안'을 닦는다는 것   136
26. 꿈속의 학교   140
27. 바람처럼   144

IV · 이제는 내려놓을 때

28. 업대로 산다는 것   149

29. 이제는 내려놓을 때   153

30. 재물과 수행 사이   157

31. 참나는 잠재의식에 있다   161

32. 상상은 현실을 만든다   166

33. 안빈낙도, 나를 다시 붙잡은 말   171

34. 마음의 노를 저어라   178

35. 동몽, 나를 구하다   182

36. 다람쥐는 왜 다시 나왔을까?   188

V · 나라고 말할 만한 것은 없다

37. 꽃은 그저 피어날 뿐	197
38. 죽음을 담담하게 맞이하는 힘	201
39. 로그로 설계된 세상	206
40. 부딪히면, 장면이 바뀔까	212
41. 존재하지 않았던 사람들	216
42. 나라고 말할 만한 것은 없다	218

에필로그 : 픽셀의 깜빡임   222

[부록] 에필로그 해제   224

I

혼자 걷는 연습

1. 혼자 걷는 연습
2. 죽으면, 세상도 함께 사라진다
3. 그 골목은 존재하지 않았다
4. 보이지 않는 것은 존재하지 않는다
5. 십이연기에서 생각 끊기
6. 블랙홀에 저장된 잠재의식
7. 매트릭스에서 다음 생을 준비하다
8. 천상천하 유아독존

세상은 언제나 함께 걷기를 요구하지만,

진짜 나를 만나려면 홀로 걷는 시간이 필요하다.

그 길에서 우리는 세상의 소리보다

내 안의 속삭임을 더 또렷이 듣게 된다.

혼자 걷는 연습은 고독이 아니라,

나를 온전히 마주하는 첫 발걸음이다.

1

혼자 걷는 연습

새벽 공기가 차가웠다.
차 문을 닫고, 따뜻한 아메리카노를 한 모금 삼켰다.
길 위에 서는 순간, 여행이 시작된다.
사람들은 말한다.
"여행은 즐거운 거지, 수행은 무겁잖아."
하지만 내겐 다르다.
여행은 곧 수행이다.
익숙한 틀을 벗어나 낯선 환경 속으로
나를 의도적으로 밀어 넣는 일.

익숙한 장소, 편안한 관계, 반복되는 일상.
그 속에서는 내가 어떤 사람인지,
어떤 결핍과 문제를 품고 있는지 알기 어렵다.
익숙함이 나를 감추고 가려주기 때문이다.
그러나 여행은 다르다.

낯선 거리, 낯선 음식, 낯선 침대, 낯선 사람들.
그 속에 들어가면
내 안의 이물감이 떠오른다.
짜증, 불편함, 두려움.
그 순간이 바로 수행의 기회다.
잔잔한 연못을 보면 우리는 "깨끗하다"고 말한다.
하지만 그것은 표면일 뿐.
긴 작대기로 저으면
바닥의 흙과 먼지가 일어난다.
마음도 같다.
낯선 자극이 들어오면
본래의 탁함이 드러난다.
수행이란 그 탁함을 바라보고,
차근히 닦아내는 일이다.
스님들의 '만행'은 그 자체로 수행이다.
대중교통을 타고, 스스로 밥을 얻어먹고,
낯선 길을 걷는다.
무소유로 하루하루를 살아내며
마음을 들여다본다.

이처럼 여행은 나만의 작은 만행이다.
단순한 리프레시를 넘어,
나를 다시 들여다보기 위한 시간.

오늘 아침, 나는 홀로 길을 나섰다.
혼자라는 건 불편하면서도 편하다.
고독하나 외롭지 않다는 말과 비슷하다.
"어차피 혼자가 될 텐데,
미리 혼자 연습할 필요가 있나?"
세상에서 가장 흔한 말, 공수래 공수거.
단순하지만,
그 진실을 삶으로 체감하기란 쉽지 않다.
우리는 언젠가 모두 혼자가 된다.
여기서 내가 먼저 마주해야 할 건
거창한 철학이 아니다.
익숙함과의 결별,
무의식으로 반복되는 나 자신을 멈춰 세우는 일.
낯선 곳은 나의 습관을 그대로 드러낸다.

그때 떠오른 문장, 『법구경』.

"아무 때나 잠자는 버릇이 있고,
사람들과 잘 어울리는 버릇이 있고,
분발하여 정진하지 않으며 게으르며,
걸핏하면 화를 내는 사람이 있다.
이것이 파멸의 문이다."

이 말은 무섭다.
우리는 흔히 '파멸'을
큰 죄와 큰 실수에서 찾는다.
하지만 문은 늘 작은 데 달린다.
아무 때나 눕는 몸.
의미 없이 섞이는 말과 만남.
즉각 튀어나오는 분노.
그 미세한 틈으로 마음이 새고,
그 새는 마음으로 하루가 기운다.
파멸은 거의 무의식적인 우리의 습관과 말에 있다.
그것도 '괜찮다'고 생각하는

그 작은 습관 속에 씨앗이 숨어 있다.
그래서 이번 여행은 작은 다짐으로 시작된다.
많이 걷고, 많이 깨닫자.
문 하나를 닫고,
문 하나를 연다.
닫힌 문은 방심의 습관,
열린 문은 알아차림의 연습.
그 문턱을 넘는 기록이 지금 시작된다.

2
죽으면, 세상도 함께 사라진다

작년 이맘때쯤부터.
몸의 컨디션이 예전 같지 않다는 걸
자주 느끼기 시작했다.
건강은 늘 당연한 것 같다가,
갑자기 깨지는 순간이 온다.
그 틈 사이로
'죽음'이라는 단어가 스며들었다.
부모님의 건강도 내 마음을 무겁게 했다.
지금은 자택에서
24시간 간병인의 돌봄을 받고 계신다.
간병인의 전화가 올 때마다
가슴이 철렁 내려앉는다.
하루하루가 조심스럽다.
내일을 기약하기 어렵다.
그런 상황 속에서,

마치 오래된 옷장 깊숙이 넣어두었던
낡은 외투를 꺼내듯,
나는 죽음에 대해 차분하게
생각해 보았다.

건강할 때는 죽음을 별로 두렵게 생각하지 않는다.
그러나 심장에 부정맥이 와서
'뚝' 하고 멈칫하는 순간을 느꼈을 때―
그 두려움은 말로 다 표현하기 어렵다.
아이러니하게도,
그렇게 조용히 심장이 멈추는 죽음이
오히려 가장 평화로운 죽음일지도 모른다.
암이나 사고, 고통 속에서 죽는 것보다
훨씬 나을 수 있다.
머리로는 그렇게 생각했다.
그러나 이러다가 죽을지도 모른다는 생각이 들면,
몸과 마음은 전혀 다른 반응을 보인다.
두렵다.
살고 싶어진다.

그럴 때마다 묻는다.
이 공포와 절망을, 누가 위로할 수 있을까?

한때 우울한 나날이 있었다.
몇 달간 마음이 깊은 번민 속을 헤맸다.
그 시간을 지나면서 깨달았다.
익숙한 종교나 명상만으로는
그 혼란을 온전히 다스리기 어렵다는 것을.
그때 붙잡은 것은 하나의 수행법이었다.

'무아(無我) 수행'.
자아를 내려놓고, 아무것도 없는 상태로 다가가는 연습.
극단적일 만큼 철저히 몰입해야만
비로소 잠시의 고요를 얻을 수 있었다.
그리고 또 하나의 생각이
나를 버티게 했다.
어쩌면 이 세계는 시뮬레이션일지도 모른다는 생각.

이건 단순한 SF 상상이 아니었다.

양자역학의 '이중 슬릿 실험'에서 비롯된 생각이었다.
물질은, 관찰되지 않을 때 파동 상태다.
그러다 관찰되는 순간, 입자가 된다.
현실은 관찰자 없이는
고정된 형태로 '존재'하지 않는다.
창밖 나무도, 부엌에 놓인 찻잔도,
오래된 사진 속 얼굴도.
내가 보지 않고 있다면
그것들은 존재하지 않는다.
파동의 가능성으로만 있을 뿐이다.

생각해 보자.
나는 지금 차를 몰고
시내를 벗어나서 외곽순환도로를 달리고 있다.
짙은 안개와 운무 사이.
간간히 내리는 비 속을 지나간다.
봄비가 안개처럼 내리는 아침.
내 눈앞의 장면들은
지금 입자의 형태로 인식되고 있다.

반면, 내가 떠나온 집.
식탁 위에 놓인 찻잔, 아내의 웃음,
아이들의 발자국 소리.
지금 이 자리에서 보이지 않는 그것들은
어쩌면 얇은 안개처럼, 형태 없이 흩어져 있을지 모른다.
양자역학은, 그것들이 '사실'이 아니라
하나의 파동 상태로, 단지 가능성의 그림자 속에
머물러 있다고 말한다.

불교 또한 그렇게 말한다.
유식(唯識),
오직 인식만이 존재한다고.
부처는 말했다.
"이 세상은 꿈과 같고, 환영 같고, 물거품 같으며,
그림자와 같다."
— 일체유위법 여몽환포영 여로역여전 응작여시관.
과학이 그것을 파동이라 부른다면,
불교는 그것을 마음의 그림자라 부른다.
우리가 실재라고 믿는 모든 것은,

단지 인식 속에서 잠시 모양을 빌린 것일 뿐이다.
그렇다면, 내가 떠나온 집과 가족도
이 순간은
파동, 마음속 가능성으로만 존재하는 게 아닐까.

이 지점에서,
죽음의 정의가 바뀐다.
우리는 보통 이렇게 생각한다.
"세상은 그대로 있고, 나만 사라진다."
그래서 죽음이 두렵다.
아름다운 세상은 남고,
나만 빠져나간다는 상실의 감각.
사랑하는 사람들.
소중한 물건들.
내 삶의 기억과 감정들.
그 모든 것을 놓고 떠난다고 믿는다.
그러나,
만약 이 세상 자체가 시뮬레이션이라면?
내가 관찰하지 않으면 존재하지 않는다면?

내가 사라지는 순간,
세상도 함께 꺼진다.
관찰자가 사라지면,
그간 '존재한다'고 믿었던 모든 것이
파동 속 가능성으로 흩어진다.
죽음은 더 이상
'나만 사라지는 사건'이 아니다.
죽음은
이 세상이 함께 사라지는 사건이다.

TV 드라마 속 인물이
"나는 너를 사랑해"라고 말하던 중에
전원이 꺼진다.
그 순간, 그 세계는 존재를 멈춘다.
몇 시간 뒤 전원이 다시 켜져도,
그 인물은 중간의 '공백'을 모른다.
죽음도 그럴지 모른다.

고통스럽지도, 외롭지도 않은—

단지 전원이 꺼지는 순간일 뿐이다.

그런데 왜,
우리는 죽음을 그렇게 두려워하게 되었을까?
아마도 이건
프로그램의 '트릭'일지 모른다.
사람들이 쉽게 죽음을 선택하지 않게 하려는 장치.
삶에 집착하도록 만드는 설정.
'죽음은 고통스럽다'고 느끼게 하는,
그런 장치.
그래야 이 세상이 유지되니까.

그렇다면,
이 시뮬레이션이 나에게 말하는 것은 하나다.
죽음을 두려워하지 말라.

그 순간,
나와 함께
세계 전체가 조용히 퇴장하기에.

그 골목은 존재하지 않았다

비를 피해 도착한 안동.
따끈한 김밥과 라면 한 그릇,
허기를 달래는 데 이만한 조합이 또 있을까.
창가에 앉아, 김이 피어오르는 그릇 너머로
낯선 골목이 길게 뻗어 있었다.
바람에 간판이 살짝 흔들리고,
옆집 창문 너머로는 알 수 없는 말소리가 흘러나왔다.
점심을 마치고, 나는 그대로 골목으로 발을 옮겼다.
지도에도, 기억 속에도 없던 길.
그러나 그 순간,
여행의 진짜 시작은 어쩌면 이런 데서 비롯되는 것임을
조용히 깨달았다.
연립주택이 다닥다닥 붙어 서 있고,
그 사이로 햇빛이 비집고 들어왔다.
골목엔 세월의 먼지를 얹은 차들이 늘어서 있었고,

간판들은 제각기 다른 목소리로 나를 불렀다.
사주·명리의 짙은 붉은 글씨,
미용실의 반짝이는 은빛,
김이 모락모락 오르는 식당의 유리창.
허름함과 단정함이 뒤섞여,
이상하게도 오래된 사진 속 장면처럼 보였다.

우리는 당연하게 믿는다.
그 골목은 내가 오기 전부터 있었을 거라고.
내가 오든 오지 않든,
객관적으로 존재하고 있었을 거라고.
하지만 정말 그럴까?
어쩌면 내가 발을 들이기 전까지,
그 골목은, 그 골목의 풍경도
애초에 존재하지 않았는지 모른다.
양자역학의 '이중 슬릿 실험'은
이 낯선 가능성을 보여준다.
관찰되기 전, 모든 사물은
형태 없는 '확률'로만 존재한다는 것.

현대 물리학이 인정한,
놀랍지만 분명한 결론이다.
그래서 이렇게 말할 수 있다.
"내가 들어서기 전까지,
그 골목은 존재하지 않았다."

골목의 입장에서 상상해 본다.
'누군가가 나를 보러 온다면,
나는 어떤 모습으로 존재해야 할까?'
마치 조물주나 거대한 AI 프로그램이
사람이 발을 들이는 순간,
그 공간을 재빨리 만들어 내는 것처럼 말이다.
하지만 곰곰이 생각해 보면,
그것도 불가능에 가깝다.
80억 인구가 동시에 살아가는
모든 현실을 설계하고 구현한다는 건
아무리 전능한 존재라도 버거울 것이다.
결국, 이 세계는
하나의 프로그램처럼 작동한다고밖에

설명할 수 없다.

예를 들어, 내가 지금 걷고 있는 이 안동의 골목을 보자.
경북이라는 지역 안에서 상위 60%쯤 되는 중위권
동네라고 하자.
그렇다면 '설정값'은 이렇게 입력된다.
차량: 10대 중 벤츠 1대, BMW 1대, 소나타 5대,
　　　경차 3대.
주택: 연립주택 30%, 아파트 30%, 낡은 주택 20%,
　　　고급 주택 20%.
식당: 허름한 곳과 깔끔한 곳이 그 비율대로 섞여 있다.
이건 공간적 설정값이다.
더 중요한 건 시간적 설정값이다.
사람들의 움직임, 골목의 소음과 분위기,
심지어 통행량까지 시간에 따라 달라진다.
그래서 나는 이렇게 본다.
공간 설정 프로그램은 '주역의 64괘'.
시간 설정 프로그램은 '사주의 60갑자'.
시공간은 본래 하나의 값이므로

주역과 사주는
하나의 알고리즘으로 통합될 수 있다.

지금 내 앞을 지나는 택배차 한 대도
마찬가지다.
어떤 날엔 30분마다 한 대꼴.
또 어떤 날엔 2시간에 한 번꼴로 등장한다.
같은 날이라도
시간에 따라 다르다.
어떤 때는 자전거 무리가 지나가고,
어떤 때는 아이 하나가 자전거를 끌고 지나간다.
또 어떤 날엔 노인이 자전거를 민다.
모두 시간과 공간의 확률이
보여주는 장면일 뿐이다.
그렇다면 우리는
이 세계를 어떻게 바라봐야 할까?

그저 즐기면 된다.
"지금은 자전거 무리가 지나가는 시간이구나."

"지금은 꽃이 피어 있는 타이밍이구나."
"지금은 택배 프로그램이 가동되는 순간이구나."
그렇게 인식하면 된다.
눈앞 현상에 휘둘릴 필요도,
감정에 끌릴 이유도 없다.
가까운 사람도 마찬가지다.
아내가 화를 낸다면
"지금은 화를 내도록 설정된 시간"이라고 생각한다.
아버지가 응급실에 계신다면
"지금은 생로병사의 문턱에 도달한
확률의 순간"이라고 받아들인다.
그 순간들을 조용히 받아들인다.
그러면 세상을
여여(如如)하게 살아갈 수 있다.
두려움도, 분노도, 슬픔도
우리를 덮치지 못한다.
그리고 우리는
이 세상의 본질에
조금 더 가까워질 수 있다.

4

보이지 않는 것은 존재하지 않는다

결국, 세상은 정교한 게임 같다.

나는 이 게임의 한 사용자다.

내게 주어진 시야와 상황 안에서만

현실을 인식한다.

그 관점에서 죽음을 바라보니,

오히려 평온이 찾아왔다.

젊었을 때,

밤마다 기도한 시절이 있었다.

"제발, 내일 아침엔 눈을 뜨게 해주세요."

근 1년을 새벽 두세 시에 퇴근하고

아침 여섯 시에 출근했다.

만성 피로에 시달리고,

얼굴은 점점 초췌해졌다.

그저 하루를 무사히 넘기고 싶었다.

살고 싶다는 마음이

피곤함 속에서 더 절실해졌다.
밤마다 중얼거렸다.
"원아령능 업장소멸 멸아멸아 귀일귀일
나무청정법신 비로자나불."
돌아보면, 서른 초반의 그 기도는
어둠 속에서 커둔 한 줄기 등불 같았다.
그렇게밖에 살 수 없는 시대였다.
모두가 똑같은 속도로 달려야 했고,
멈추면 낙오되는 줄 알았다.
나는 그 전형적인 삶의 궤도에 올라
톱니바퀴처럼 움직이고 있었다.
시대의 전형은 무섭다.
일제강점기였다면?
태평양 전쟁 시기였다면?
아마 폭탄을 들고 적진으로 뛰어들었을 것이다.
비행기를 몰고 항공모함을 향했을 것이다.
그것이 강요라는 사실조차
깨닫지 못한 채 말이다.
그때의 나 역시,

그 톱니바퀴 속에 있었다.

그렇게 살고 싶었던 시절도 있었지만,
지금은 다르다.
이제는 누워서 이렇게 생각한다.
"만약 이대로 죽는다면, 아무 문제도 없겠구나."
내가 사라지는 순간,
세상도 함께 사라진다.
이 생각은 욕심을 내려놓게 했다.
예전엔 고급 아파트의 유리창에 비친 석양을 보면,
그 안에서 저녁을 먹는 상상을 했다.
도로 위를 미끄러지듯 지나가는 고급 외제차를 보면,
부드러운 가죽 핸들 위에
내 손이 얹힌 감촉을 상상했다.
하지만 세상이 시뮬레이션이라 여긴 뒤,
그 마음이 많이 사라졌다.
마치 영화 속 세트장을 알게 된 뒤,
그 집과 차가 전부 가짜라는 걸 깨달은 것처럼.
애당초 그런 것들은 존재하지 않기 때문이었다.

그 생각이 뿌리내리자
건물도, 차도, 계좌 잔고도
나를 예전처럼 흔들지 못했다.

나이 들어가면서
마음의 욕심을 덜어낸다는 것.
그건 금고 속의 금괴보다,
땅속 깊이 묻힌 보석보다,
더 귀한 선물이다.
손안에 쥐지 않아도,
마음이 가벼워지는 순간 찾아오는 평화.
그건 살아 있는 동안만 누릴 수 있는
진짜 가치다.

그래서 여행은 단순한 걷기가 아니다.
단순한 휴식도 아니다.
존재의 본질을 직시하는 훈련이다.

낯선 것들과 마주하기.

익숙한 것들과 결별하기.
죽음을 이해하기.
세계를 낯선 눈으로 바라보기.
수행 방법은 의외로 간단하다.
지금 눈앞에 있는 것은
'보여지는 것'일 뿐, 실체가 아니다.
그러니 사라져도 아무 일도 없다.

집에서는 쉽지 않다.
아내가 "야, 인간아! 쓰레기 좀 비워!" 하고 소리칠 때
"저건 환영이다"라고 중얼대면
곧 빗자루가 날아온다.
하지만 여행은 다르다.
익숙한 장면들이 사라지고,
낯선 장면들만 나타난다.
그 속에서 나는 그것들을 새로 해석하고,
새로운 의미를 부여할 수 있다.
내가 보지 않으면 존재하지 않는다는 것.
그 단순하지만 낯선 사실을

다시 확인하는 일.
그것이 이번 여행의
첫 번째 수행이다.

5

십이연기에서 생각 끊기

밤 11시.
낯선 휴양림 숙소의 침대에 누웠지만
깊은 잠은 오지 않았다.
창밖엔 솔잎 사이로 바람이 부딪히는 소리가 들려왔다.
한 시간쯤 자고 다시 눈을 떴다.
새벽 2시.
창가에 앉았다.
세상은 잠들어 있었다.
마당에는 눈이 소복이 쌓였다.
고전적인, 차분한 밤이었다.
그때 스쳤다.
양자역학으로 세상을 해석하듯,
십이연기도 그 논리와 겹친다는 사실.

십이연기(十二緣起).

고통의 원인을 설명하는 불교의 가르침.
무명에서 시작해 노사에 이르기까지,
생의 고리가 연쇄적으로 이어진다.
무명 → 행 → 식 → 명색 → 육입 → 촉 → 수
→ 애 → 취 → 유 → 생 → 노사.
수행자는 이 고리를 끊어 해탈에 이른다.
무명에서 행, 식까지.
행은 오랜 습관을 쌓는 행위다.
식은 그렇게 쌓인 습관,
즉 잠재의식이다.

행·식 다음에 나타나는 명색(名色).
'이름과 물질'이다.
영혼과 물질, 정신과 물질로도 해석하지만
나는 말 그대로 본다.
이름(名)과 색(色).
언어로 표현되는 이름과,
오감으로 느낄 수 있는 물질.
이 세상에 보이는 것들이다.

명색은 식 다음에 나온다.
식은 인식의 씨앗, 곧 잠재의식이다.
이 잠재의식이 발현되면,
이름과 형태, 곧 명색이 드러난다.
우리가 보고 듣고 만지는 모든 것들은
바로 이 잠재의식에서 나온다는 뜻이다.

명색은 하나의 상(相) 혹은 생각(想)이다.
어떤 한 생각이 일어나면
그 생각을 계기로 다른 생각이 꼬리를 문다.
처음에 일어나는 생각.
1차적 생각이 곧 근원적 생각.
그 이후 계속 이어지는 생각.
2차적 생각이 곧 파생적 생각.
예를 들어,
사무실에서 일하다가 갑자기 아이슬란드가 떠오른다.
왜 이 시간에? 모른다.
그냥, 올라왔다.
이게 근원적 생각이다.

그리고 이어진다.

"언젠가 가야지."

"비싸겠지?"

"내년 여름휴가로?"

"휴가 쓰면 팀장이 뭐라 하려나…"

이렇게 한 생각이 다른 생각을 끌고 간다.

이게 파생적 생각이다.

근원적 생각은 통제하기 어렵다.

잠재의식에서 튀어나오기 때문이다.

그러나 파생적 생각은 통제할 수 있다.

위파사나 수행이 그렇다.

명색이 머릿속에 나타나면 '명(名)'.

현실에 나타나면 '색(色)'.

머릿속의 이미지는 상(想),

현실의 형상은 상(相)이다.

그래서 상(想)이나 상(相)은 입자가 된다.

이 명색은 색·성·향·미·촉·법으로 나뉜다.

육경(六境)이다.

다음은 육입(六入).

눈, 귀, 코, 혀, 몸, 마음.

그다음은 촉(觸).

보고, 듣고, 맡고, 맛보고, 느끼고, 생각한다.

이 접촉은 피할 수 없다.

이후는 수(受).

접촉을 어떻게 받아들이느냐의 문제.

여기서 우리는 통제할 수 있다.

좋아하지도, 싫어하지도 않고

담담하게 받아들이는 연습.

아이슬란드가 떠오르면,

"아, 아이슬란드 생각이구나."

그 정도로 멈춘다.

여기서 끊지 못하면,

애(愛)와 취(取)가 생긴다.

그 감정이 다시 잠재의식에 저장된다.

이것이 유(有)다.

명색에서 유까지, 7단계.

시간으로는 찰나다.
부처님은 이 찰나를 세분해 보셨다.

괴로움을 끊는 고리.
바로 수(受)에서 끊을 수 있다.
수(受)에서 애와 취로 가지 않으면
유(有)는 생기지 않는다.
유를 저수지의 물이라 하자.
수에서 끊어지면
저수지에 물이 더는 공급되지 않는다.
결국 저수지는 마르고,
잠재의식은 사라진다.

양자역학에서는 말한다.
물질을 관찰하면, 파동이 입자로 바뀐다고.
이건 눈으로 보는 것뿐 아니라
머릿속의 생각도 포함된다.
머릿속에 어머니가 떠오르면,
그 생각도 입자가 된다.

입자의 형태는 눈앞에 보이는 형상일 수도,
어머니라는 '생각'일 수도 있다.
이런 명색은
애(愛)와 취(取)로 인해
잠재의식에 쌓인다.
그리고 그 잠재의식이
생로병사의 챗바퀴를 돌린다.

그래서 수행의 첫 단계는
생각과 감정이 올라올 때
그것이 잠재의식에 저장되지 않도록 하는 일.
대표적인 방법이 위파사나.
위파사나는 '쳐다봄'이다.
담담하게, 그대로 쳐다보기.
궁극적으로는 생각을 끊는 일.

입자 상태를 파동 상태로 돌린다.
내가 쳐다보지 않으면 파동.
쳐다보면 입자.

쳐다본다는 생각마저 사라지면,
다시 파동이다.

그래서 참선할 때,
눈을 반쯤만 감는다.
입자와 파동의 경계를
수행으로 느끼기 위해.

6

블랙홀에 저장된 잠재의식

의식은 내 몸 안에 있다.
하지만 잠재의식은 몸 밖에 있다.
우주,
저 하늘 끝,
블랙홀 속.
혹은 그 어딘가.

"하늘에 계신 우리 아버지…"
기도문조차 이제는 다르게 읽힌다.
종교적 해석과 과학적 은유가 겹친다.
마치 클라우드 저장소처럼.

인생의 목적은 깨달음이 아닐까.
세상은 점점 더 과감한 힌트를 준다.
양자역학도,

클라우드도,

그 힌트 중 하나다.

내 육신은 하나의 PC다.

의식은 인터넷처럼 클라우드에 연결돼 있다.

죽음은

PC의 전원을 끄는 일이다.

하지만 클라우드에 저장된 나의 잠재의식은 사라지지 않는다.

새로 태어난 육신,

새로운 PC는

그 클라우드에서 데이터를 내려받는다.

그리고 다시 살아가며

축적된 정보는

다시 클라우드에 올라간다.

이것이 삶과 죽음의 실체가 아닐까?

잠재의식이 블랙홀에 저장돼 있다면,

우리는 그곳에 가야 한다.

마음의 우주여행이 필요하다.

육체가 우주로 나가려면
우주선이나 우주복이 필요하다.
마음이 나가려면
다른 준비가 필요하다.
가위눌림.
준비되지 않은 상태에서
잠재의식의 영역으로 갑자기 진입할 때 벌어진다.
그 통로는 귀신이 드나드는 문이기도 하다.

수행자는 왜 밤새 깨어 있으려 할까.
왜 잠을 경계할까.
의식이 우리를 지켜주기 때문이다.
하지만 아이러니하다.
잠재의식에 도달하려면
그 의식을 내려놓아야 한다.
의식이 꺼질 때,
블랙홀로 가는 통로가 열린다.
그래서 중요한 건 이런 상태다.
깨어 있으되, 깨어 있지 않은 상태.

잠재의식을 '하늘의식'이라 부르는 이유다.
그것은 몸 안에 있지 않다.
우주의 끝,
블랙홀 어딘가에 저장된 정보 장(場).
그리고 우리는
그 장과 인터넷처럼 연결돼 있다.

내 몸이 PC라면
잠재의식은 클라우드다.
진짜로 깨어난다는 건
단지 현실을 보는 게 아니다.
내가 누구이고,
어디와 연결돼 있는지를 아는 일이다.

의식과 잠재의식은
항상 연결돼 있다.
그러나 언제나 접속할 수 있는 건 아니다.
오히려 의식이 사라질 때,
비로소 잠재의식에 다가간다.

잠과 죽음이 그렇다.
잠을 자는 동안
의식에 쌓인 데이터가
클라우드로 백업된다.
그 과정에서
잠재의식의 일부를 엿본다.
이 원리를 아는 수행자는
깨어 있는 상태에서도
의식을 속여
잠재의식에 접근하려 한다.

생각을 끊되,
생각을 바라본다.

그러면 점점 생각이 사라진다.
눈앞의 입자가 파동으로 바뀐다.
색즉시공(色卽是空)의 순간이다.
파동이 다시 입자로 전환될 때,
그때 파동은 어떤 입자로도 변할 수 있다.

내가 인식한 세상 그대로가
현실로 나타난다.
이 세상은
내가 만든 세상이다.

매트릭스에서 다음 생을 준비하다

노년을 현명하게 보내는 방법은
다음 생을 준비하는 것이다.
노년의 행동, 생각, 감정, 습관.
이 모든 것은 빠짐없이 블랙홀 어딘가,
나만의 클라우드 계정에 저장된다.
그리고 다음 생이 시작될 때,
그 기반 위에 새로운 삶이 세팅된다.
그래서 노년에 아픈 기억이 오래 남는 건 좋지 않다.
감사하는 마음으로, 하루를 충만하게 살아야 한다.
지나친 가난에 시달리지 않는 것.
건강하게 하루를 시작할 수 있는 것.
그 자체로 감사하다.
다음 생에 필요한 것들을 꾸준히 저장한다.
지식, 감정, 습관, 운동, 명상.
이것이 노년의 수행이다.

현세에 집착하지 않고,
내세에 잘 살기 위한 준비.
이것이 수행자로서의 노년이다.

블랙홀의 표면.
그 사건의 지평선에는
10^{-66}cm²마다 1비트의 정보가 저장된다고 한다.
믿기 어렵다.
그러나 우리 잠재의식도
이런 방식으로 저장되어 있다고 본다.
홀로그램 우주론이 말하듯,
우리가 사는 세계는 단순한 '보이는 현실'이 아니다.
우주는 아날로그가 아니다.
미시 세계는 디지털로 구성된다.
세계는 연속이 아니다.
불연속적인 픽셀.
매트릭스다.

양자역학에서 입자 위치나 운동량을

행렬로 표현하는 이유도 같다.
시공간이 유한한 정보 단위,
픽셀화된 세계이기 때문이다.
이 구조에서는
위치와 운동량을 부드럽게 연결할 수 없다.
오직 '뛰는 것',
양자 도약(quantum leap)만 가능하다.
이것이 시뮬레이션 우주의 가장 과학적인 증거다.

몇 년 전.
대구 인터불고호텔 라운지.
창밖으로 팔공산이 보였다.
그 순간, 알 수 없는 희열이 밀려왔다.
그리고 하나의 생각.
"저 산은, 비어 있다."
팔공산은 눈앞에 있음에도 실재하지 않았다.
그 모습은 도화지 위에 그려진 풍경 같았다.
그리고 생각은 번졌다.
"내가 팔공산에 다가가면,

그제서야 나무가 생기고, 개울이 흐르고,
동물이 뛰어든다."
팔공산만이 아니다.
멀리 보이는 자동차도 마찬가지다.
그 순간, 그것은 단지 형상일 뿐이다.
엔진 소리도, 안의 사람도 분명하지 않다.
그러나 가까이 다가서면,
핸들이 보이고, 사람이 보이고,
그 안의 움직임과 목적이 드러난다.

그 순간, 유레카.
그리고 의심.
"정말 이게 맞나?"
이제는 말할 수 있다.
맞다.
이 세계는 매트릭스다.
나는 지금, 그것을 믿는다.

그렇다면 질문.

"매트릭스 세상에서 우리는 어떻게 살아야 하는가?"
삶의 목표는
단순히 '살아남는 것'이 아니다.
어떻게 올바르게 살고,
죽음을 평화롭게 맞이할 것인가.
이것은 매트릭스를 빠져나오는 법이다.
곧, 수행의 길이다.
물론 쉽지 않다.
인공지능 프로그램은 허술하지 않다.
그러나 답은 이미 그려져 있다.
불교의 윤회.
반야심경과 금강경,
기독교의 천지창조와 천국,
도교의 신선 사상,
유교의 성인에 이르기까지
모든 길은 결국 하나의 진실로 모인다.

그리고,
이제 그곳으로 돌아갈 준비가 되었다.

8

천상천하 유아독존

부처님은 세상에 태어나자마자
일곱 걸음을 걸었다.
그리고 말씀하셨다.
"천상천하 유아독존."
흔히 '내가 가장 존귀하다'로 번역된다.
나는 이렇게 느낀다.
"이 우주에 오직 나만 존재한다."
어렴풋이 이 말이
이해되면서,
삶의 진실에
조금은 다가갔다고 믿는다.

명리(命理)를 통해,
이 세상에 왜 태어났는지 대략 알았고,
그 목적에서 크게 벗어나지 않는 삶을 살았다.

인생을 위한 설계도처럼 주어진 사주팔자,
설계도대로 건물이 지어지듯,
내 삶도 그렇게 흘러왔다.

내세의 나는 어떤 모습일까.
철학자, 교육자, 음악가, 혹은
말이 적고 사유가 깊은 아이일지도 모른다.
묵언 속에서 조용히 이끄는 존재.
전생과 현생, 그리고 내생까지
수행의 길이 이어졌으면 좋겠다.

갈수록 마음은 가벼워지고,
외로움은 옅어진다.
사람들 사이에 있든, 혼자 있든
크게 다르지 않다.
보이지 않는 무언가가
언제나 곁에 있기 때문이다.
수행과 일상이 하나가 된 자리,
그곳에서 삶은 조용히 흐른다.

카페에 앉아 사람들을 본다.
그들은 마치 TV 속 인물 같다.
서로를 의식하지 않는다.
그저 주어진 배역을 살아간다.
그들은 내가 만든 세상 속,
내가 바라보는 풍경일 뿐이다.
나를 알 리 없고,
나 또한 그들 속으로 들어갈 이유가 없다.

드라마를 본다고 상상해 보자.
화면 속 인물과 나는
다른 차원의 존재다.
서로 인지하지 못한 채,
각자의 장면을 살아간다.
그것은 평행우주다.
아마 지금 내가 사는 이 현실도
그럴지 모른다.
내가 만나는 사람들.

그들도 어쩌면

나와 겹쳐 사는

다른 차원의 존재일지 모른다.

영화 『식스센스』를 떠올린다.

브루스 윌리스.

그는 심리 상담사다.

죽은 사람을 본다고 말하는 소년을 만난다.

소년을 돕고,

자기 삶의 의미를 되찾으려 한다.

하지만 마지막 장면.

충격적인 진실이 드러난다.

그 자신이 이미 죽어 있었다.

총에 맞아 죽었지만,

그 사실을 몰랐다.

누군가 자신을 외면하는 것도,

대화가 단절되는 것도

자연스럽게 받아들였다.

죽었다는 사실을 모른 채,

여전히 살고 있다고 믿었다.
여전히 무언가를 해결하려 했고,
누군가를 도우려 했다.

이 장면을 보며 생각했다.
혹시 나도
이미 죽었는데 모르는 건 아닐까,
그걸 모르고 살아가고 있는 건 아닐까?
내가 존재한다고 믿는 이 세계.
부딪히는 사람들과 사건들.
이것들이 정말 현실일까.
나는 진짜일까.

생각이 깊어질수록
이 인식은 선명해진다.
세상 사람들을
의식하지 않게 된다.
길에서 만나는 사람과의 관계.
그것은 내가 TV 속 인물과

크게 다르지 않다.

홀로그램 드라마를 보는 것처럼,
그들은 나를 통과해 지나간다.
마치 오래전 잊힌 장면처럼,
나의 존재는 그들의 기억 속에 없다.
같은 공간에 있는 듯하지만,
사실은 다른 결의 세계에 서 있다.

식당에서 음식을 주문하거나,
마트에서 물건을 계산할 때,
마치 AI와 대화하는 것 같다.
확률로 짜인 대답.
패턴에 의한 반응.

세상은 수(數)로 이루어졌다.
만나는 사람은 실체가 없다.
브루스 윌리스가
자기가 산다고 믿었던 것처럼,

나도 그렇게 믿는다.
그러면 마음이 편해진다.
집착이 풀린다.

이것이 바로
"천상천하 유아독존",
이 우주에 나만 존재한다는
진짜 의미가 아닐까?

II

길 위에 서다

9. 의식의 시작

10. 귀천(歸天)

11. 지금, 이 자리에 머물기

12. 참회의 눈물, 업장을 녹이다

13. 왜 좁은 문으로 가야 하는가

14. 현실은 꿈보다 더 이상할지도

15. 삼년 기도문

16. 젖은 청바지와 맑은 물

17. 길을 찾아 떠나다

18. 청복과 홍복

어느 날, 마음 깊은 곳에서 묘한 울림이 들려왔다.

그 소리는 나를 멈추게 하고, 동시에 나를 앞으로 내밀었다.

그 길이 어디로 이어질지는 알 수 없지만,

지금은 그저 서야 할 때다.

길 위에 서는 순간,

여정은 이미 시작된다.

의식의 시작

누군가가 나를 주홍색 비닐 옷에 밀어 넣었다.
구명조끼 같았다.
아니, 훨씬 크고, 촘촘했다.
전신을 덮는 투명한 막.
얼굴에 구멍은 없었다.
그런데 바깥이 보였다.
뿌연 유리창 너머처럼, 희미하지만 또렷하게.
그 안은 윈드자켓 같기도,
텐트 속 같기도 했다.
그리고 나는 바다에 들어갔다.
차가운 물이 몸을 감쌌다.
물속을 유영했다.
처음엔 공포.
곧 알았다.
이 옷은 물은 막지만, 공기는 통했다.

안심.

마치 원래 알고 있던 사실처럼.

나는 깊은 물 속을 흘렀다.

어디론가 이끌렸다.

그리고 육지에 닿았다.

수면 위로 올라왔다.

해변.

한 소녀가 서 있었다.

말없이, 나를 바라봤다.

작별 인사처럼, 조용히.

그 순간,

수면 너머에서 검은 잠수함이 떠올랐다.

소녀는 망설임 없이 올라탔다.

겁이 났다.

사방이 막막한 바다.

혼자 남을까 두려웠다.

그 두려움은, 소녀와 함께 있으면 사라질 것 같았다.

나도 그녀를 따라 탔다.

잠수함 안.

오직 나와 소녀뿐.

그런데 낯설지 않았다.

오래전부터 알던 공간 같았다.

흩어진 물건들.

전부 내 것 같았다.

어릴 적 기억과 정서가 묻어 있었다.

그녀는 장난치듯 그것들을 만졌다.

내 깊숙한 곳을 무단으로 뒤지는 기분.

분노가 치밀었다.

억누르지 못했다.

그녀를 거칠게 밀쳐, 바닥에 내리꽂았다.

몇 번이나.

그녀는 고통스러워 보이지 않았다.

다만, 조용히 말했다.

"이제는 네 물건에 손대지 않을게."

그제야 알았다.

그녀는 '누군가'가 아니었다.

오래전, 내 안 깊숙이 숨겨둔 그림자.

묻어둔 상처와, 잊었다 믿었던 표정들.

그림자는 나를 닮아 있었다.
숨소리마저, 어린 날의 나였다.

그때, 초인종이 울렸다.
잠수함에 초인종이라니,
이상했지만, 전혀 이상하지 않았다.
두 명의 소년이 들어왔다.
어딘가에 도착한 듯했다.
밖으로 나가니 작은 항구 끝,
바닷바람이 코끝을 스쳤다.
짭짤한 소금 냄새.
마을이 보였다.
낡은 목조 집들이 낮게 늘어서 있었다.
바다 쪽엔 작은 등대 하나.
그 아래엔 낡은 고깃배들.
사람은 없었다.
그런데도 따뜻했다.
'그래, 이런 곳이었지.'
마치 오래전부터 내 마음속에서만 존재하던 장소를

다시 찾은 듯했다.
오랫동안 서 있었다.
다시 잠수함으로 가려 했으나
잠수함은 사라지고 없었다.

장면이 바뀌었다.
다른 마을,
어촌 같았지만, 바다도, 배도 없었다.
산골에 가까운 풍경.
풍경은 바뀌었지만, 묘하게 이어지는 감정이 있었다.
단절된 듯하면서도 익숙했다.
한 겹의 꿈이 끝나고,
다음 장면이 열린 것 같은 기분이었다.

문득 깨달았다.
나라는 의식이 시작된 건,
그 주홍색 옷에 들어간 순간이었다.
바닷속으로 들어갔을 때,
걱정이 밀려왔다.

'공기가 떨어지면 어떻게 하지?'
그 생각과 함께,
숨이 가빠졌다.
하지만, 곧 생각을 바꿨다.
'아니야, 이건 공기가 통하는 옷이야.'
그 순간, 숨은 다시 편안해졌다.

바로 그때였다.
의식이 곧 현실이 되는 순간.
생각이 세상을 바꾸는 열쇠가 된 듯한 경험.
어쩌면 우리는 처음부터
그렇게 살아왔는지 모른다.

현실은 늘 우리의 인식 속에서 작동한다.
지금도 그렇다.
다만, 우리는 그것을 모를 뿐이다.

귀천(歸天)

인간의 영혼은,
어쩌면 지구 바깥에서 온 여행자일지 모른다.
우주의 삼라만상 사이 어딘가,
시간과 공간을 벗어난 흐름 속에 잠시 머물다가
이 별 위에
살며시 내려왔는지도.
아주 오래전,
한 인간의 영혼도
그렇게 이곳에 도착했을 것이다.
처음에는
자신이 어디에서 왔는지,
어디로 향해야 하는지
어렴풋이 알고 있었던 것 같다.
하지만 시간이 지나며
그 기억은 옅어지고,

삶의 무게 속에
그는 점점 더 깊이 잠들어 갔다.

먹고,
일하고,
사랑하고,
상처받고,
다시 웃으며 살아가는
하루하루의 파도 속에서
그는 자신이 누구였는지를 잊었다.
그 모든 것이,
마치 본래 그런 것처럼 여겨졌다.

그러던 어느 날,
아주 오래된 침묵 속에서 조용히 무언가가 깨어났다.
말로 설명하기 어려운 기척.
다 잊었다고 믿었던 무엇이
가만히 그를 일으켜 세웠다.
그는 먼지를 털고 다시 길을 나선다.

신이 깃든 곳을 향해 걷는다.
하지만 그 신은 밖에 있는 존재가 아닐지도 모른다.
그토록 찾아 헤맸던 신은
언제나 그의 안쪽에 있었는지도 모른다.
마치 카잔차키스가 평생 찾아다닌 것이
결국 자신이 늘 걸치고 있던
털옷이었다는 것을 알게 된 순간처럼.
그는 그 사실을 모른 채,
산으로, 길로,
고요한 숲과 어두운 골목,
부끄러운 기억과 따뜻한 풍경을 지나며
조용히 나아간다.
그 길은 어쩌면 밖으로 향하는 것이 아니라
자신의 내면을 걷는 길일지도 모른다.
그리고 어느 순간, 그는 깨닫는다.
찾는다는 것은
새로 얻는 일이 아니라 되찾는 일이며,
도착한다는 것은
늘 거기 있었던 자리를

비로소 알아보는 일이라는 것을.

그는 웃는다.
감사한다.
온유해진다.
이 생의 남은 날들을
감사와 환희로 채우고 싶어진다.
언젠가,
이 별에서의 여정이 마무리되는 날,
그는 조용히 떠날 것이다.
의식의 끝 어딘가로,
닿을 수 없는 곳을 향해.
바람처럼.
그 돌아감을
사람들은,
귀천(歸天)이라 불렀다.

지금, 이 자리에 머물기

바닷가 모래 위를 맨발로 걸었던 며칠 뒤,
이번엔 무궁화호에 몸을 실었다.
차창 밖으로 초록빛 들판과 느릿한 강줄기가
여름의 숨결처럼 번져왔다.
차는 북쪽을 향해,
아직 보지 못한 풍경 속으로 나를 데려갔다.
오래된 시트의 묵직한 감촉,
느릿하게 흔들리는 차창,
그 바깥으로 다시 다른 길이 열리고,
도시와 들판이 연이어 스쳐 간다.
모두가 흘러가는 듯하지만,
실상 아무것도 움직이지 않는다.
공간과 시간은 본래 그대로다.

컴퓨터 모니터 위를 가로지르는 화살표.

움직이는 듯 보이지만,
사실은 픽셀이 차례로 켜졌다 꺼질 뿐이다.
만약 이 세상이 시뮬레이션이라면,
창밖 풍경도 다르지 않다.
기차가 달리는 것 같아도,
사실은 무수한 픽셀이 번쩍이며
바뀌는 순간들의 연속일 뿐이다.
그 속에서 나 또한 한 점의 이미지일 뿐,
좌표만 고정된 채
풍경만이 바뀌는 존재다.
그래서 실상 나는 움직임이 없다.
실상 나이도 없다.
산은 산이고, 구름은 구름이다.
봄, 여름, 가을, 겨울도 나를 비켜 지나간다.
가만히 바라보면,
지금 내가 있는 이 자리는
어제 내가 어디에 있었든,
또 내일 어디에 있든,
본래 한 자리다.

세상은 흐르는 강물처럼 내 앞을 지나간다.

내가 움직이는 게 아니라,

사물과 사건이 스스로 흘러와 내 앞을 스친다.

긴 꿈에서 깨어나도

그저 달팽이 한 소금 지나간 시간일 뿐이다.

그래서 『금강경』에는 이렇게 말했다.

"과거심불가득, 현재심불가득, 미래심불가득."

사람의 마음은 대개,

과거를 떠올리면 괴롭고,

미래를 그리면 근심스럽고,

현재를 생각해도 편하지 않다.

그렇다면 마음은 어디에 두어야 할까?

그 답은 '순간'에 있다.

마치 컴퓨터 화면의 픽셀이 번쩍이며 바뀌듯,

순간은 오직 지금 이 자리에서만 빛난다.

그 순간을 느끼면,

그 순간은 광명이 되고, 순수가 되고, 기쁨이 된다.

그 순간은 완전하다.

왜냐하면,

그 순간이란 결국
픽셀이 번쩍였다 사라지는 찰나이기 때문이다.

지금, 이 순간을 있는 그대로 느끼는 것.
그것이 곧 자각(awareness), 깨어 있음이다.
나는 지금 무엇을 하고 있는가.
손끝은 무엇을 만지고 있는가?
— 컵의 온기인가, 종이의 거친 결인가.
발가락은 어디에 닿아 있는가?
— 신발 속 양말의 감촉인가, 맨발로 밟는 차가운
  바닥인가.
호흡은 가볍게 스며드는가, 깊게 가라앉는가.
바람이 볼을 스칠 때, 그 온도와 습기를 느끼고 있는가.
귀에는 어떤 소리가 스며드는가.
— 먼 곳의 새소리인가, 가까운 시계의 초침 소리인가.
의식 속에서는 무엇이 피어올랐다가 사라지는가.
이같이,
만사를 픽셀처럼,
번쩍이며 사라지는 것으로 알아차릴 수 있다면,

그 자체가 깨어 있음이다.
옛 도인이 마음 닦는 데 바빠
도반을 챙길 겨를이 없다는 말이
이제는 이해된다.
그렇게 철저하게 관찰해야 한다.
생각이 일어나면,
중생이 바로 그곳에 있다.

숨 쉬고 살아 있는 이 순간,
그것만으로도 이미
가장 큰 기적이 이루어지고 있다.

12

참회의 눈물, 업장을 녹이다

덕태산 자락.
그 뒷길은 숲이 짙어 햇빛이 잘 닿지 않았다.
길바닥은 축축했고, 공기는 서늘했다.
평일이라 사람 한 명 마주치지 않았지만,
나는 그 고요 속을 걸었다.
마치 여행길의 한 장면처럼,
익숙하지 않은 풍경이 나를 감쌌다.
그러다 문득, 왈칵 무서움이 몰려왔다.
주차장에 닿기까지
내가 본 건 오직 내 그림자 하나뿐이었다.
너무 외지고, 너무 조용한 길이었다.
무서움을 떨쳐내기 위해
나는 염불을 외웠다.
숨을 고르며, 한 구절씩.
"나무 관세음보살."

"나무 아미타불."

"이 모든 것은 내 마음의 그림자이니, 두려워 말라."

"이 몸과 마음, 부처님 품에 맡기오니, 평안케 하소서."

그런데 이상하게도,

염불을 이어갈수록

어딘가 깊은 곳에서 슬픔이 스며올랐다.

애써 눌러보았지만,

끝내 울음이 터졌다.

가슴 아래, 오래 굳어 있던 덩어리가

서서히 풀려 오르는 듯했다.

말로는 설명하기 어려운 감정.

그건 단순한 슬픔이 아니라,

묵은 업장이 녹아 흘러내리는 순간 같았다.

꺽꺽 목을 막으며 터져 나온 눈물 속에

오래된 그림자와 억눌린 숨이 함께 섞여 있었다.

나는 그저, 그 눈물이 흘러가도록 맡겼다.

"난 참 바보처럼 살아왔구나."

"여기, 이 숲속에서 나는 대체 뭘 하고 있는 거지?"

"이렇게 살려고 태어난 건 아닌데…"

반백이 훌쩍 넘은 인생.
진리의 길로 가고 싶다는 염원은 늘 있었지만,
나는 여전히 사소한 업장에 얽히고,
헛된 욕망에 흔들리고 있었다.
문득 함께 일하던 사람들이 떠올랐다.
그들에게 미안했고,
나 자신에게도 미안했다.
왜 이렇게 살아야만 했을까.
이 모든 것이
오랜 세월 쌓인 업장의 결과라는 생각에
깊은 서글픔이 밀려왔다.
그렇게 한참을 울고 나서야,
서서히 가슴이 뚫리는 듯했다.
울음이 잦아들자,
그 눈물이 단순한 두려움 때문만은 아니었다는 걸
알았다.
마음 한구석 깊이 쌓였던 미안함과 후회,
말하지 못했던 죄스러움이 함께 녹아 흘러내린 것이었다.
그 순간 깨달았다.

참회는 거창한 죄나 특별한 염원이 있을 때만
하는 것이 아니었다.
살아 있는 한,
우리는 하루에도 수없이 작은 참회를 할 수 있다.
무심코 내뱉은 말 한마디,
스쳐간 순간의 욕심,
남을 향한 사소한 불친절.
그런 것들 앞에서
조용히 고개 숙이는 일.
그 작은 참회들이 마음을 맑히고,
영혼의 먼지를 털어낸다.
그리고 그 맑음이 쌓이면,
언젠가 더 깊은 평안에 닿게 되리라.
아니나 다를까,
슬픔이 밀려난 자리에
신기하게도 편안함이 스며들었다.
무서움도 사라졌고,
나는 마치 우주를 둥둥 떠다니는 기분이었다.

13

왜 좁은 문으로 가야 하는가

속초에서 양양으로 내려오는 7번 국도.
바다 옆을 따라 쫙 뻗은 4차선 아스팔트가
햇빛을 받아 반짝인다.
푸른 물결과 하얀 파도가 나란히 달리고,
앞으로는 시야가 막힘없이 열려 있다.
넓고 반듯한 길은 언제나 안전하고, 편하고,
속도감마저 주는 듯하다.
인생에도 이런 길이 있다.
겉으로는 전도양양해 보이지만,
그 이면에는 보이지 않는 그늘이 드리워져 있다.
끊임없는 경쟁, 반복되는 스트레스,
그리고 때로는 건강을 갉아먹는 피로와 불안.
겉으론 성공처럼 보여도,
속으로는 알 수 없는 공허가 스며들기도 한다.
그래서 어떤 이들은,

그 길에서 벗어나 좁고 거친 길—
정신의 길, 마음의 길로 들어서기도 한다.

산으로 향한 좁은 길.
사람 하나 겨우 지나갈 만한,
고요하고 깊은 길이었다.
그 길을 따라 걷고 또 걷다가,
어느새 산속 어둠 한가운데서 길을 잃었다.
어디인지도 모르고, 왜 여기 있는지도 모른 채
그저 앞을 향해 달리고 있었다.
돌아갈 수도 없었다.
처음엔 내가 선택해 들어선 길이었다.
하지만 어느 순간부터
나는 선택할 수 없는 존재가 되어 있었다.
길이 나를 끌고 가고 있었다.
"나는 지금 어디에 있는가."
"나는 지금 어디로 가고 있는가."
"나는 왜 여기에 왔는가."
문득, 그런 물음들이 마음을 붙잡았다.

'차라리 큰 도로를 달릴 때가 좋았던 건 아닐까.'

회의가 서서히 고개를 들었다.

생각은 점점 무거워졌고,

영혼은 마치 뒤로 걸어가는 듯 퇴보해 갔다.

하지만 긴 시간을 헤매고, 방황하고, 넘어지고...

결국, 그 산을 빠져나왔다.

그리고 그곳에서,

오래도록 그리워했던 어떤 풍경과 마주했다.

화려하지 않았고, 북적이지도 않았다.

그저 고요했다.

그곳은 이상향이었다.

천국, 안식처,

영혼이 잠시 머물다 갈 수 있는,

우주의 작은 정거장.

그곳엔

넓은 길을 끝까지 달린 사람은 보이지 않았다.

그래서였을까.

성경에는 '좁은 문으로 가라'고 했다.

왜일까.

넓은 문은 편하고 익숙하다.
그러나 그 끝에는
우리가 찾는 진실이 없을지도 모른다.

모든 사람이 가는 길은
결국 자기 자신에게서 멀어진다.
반대로 좁은 문은
낯설고 어렵고, 외롭지만,
그 안엔 진짜 내가 있다.
좁은 길은,
우리를 길 잃게 만들기도 하지만,
그러나 길을 잃은 사람만이
마침내 진짜 길을 만난다.
우리는
우주의 정거장에 도착하기 위해
잠시 이 세상에 내려온 존재일지도 모른다.
누군가는 대로에서 속도를 즐기고,
누군가는 산길에서 자기를 잃는다.
그러나 결국,

자기를 잃는 자만이,
마침내 진짜 자기와 다시 만난다.

14

현실은 꿈보다 더 이상할지도

안개가 아직 걷히지 않은 새벽,
첫발을 떼자 길이 부드럽게 열렸다.
숨을 깊게 들이마시는 순간,
어젯밤의 꿈이 떠올랐다.
나는 자전거를 타고 가파른 오르막을 오르고 있었다.
숨이 턱까지 차올랐다.
다리는 후들거렸다.
멀리 언덕 끝이 보였다.
이제 곧 내리막이다.
안도의 숨을 내쉬려는 순간,
나는 갑자기 차 안에 앉아 있었다.
운전석에서 핸들을 잡고 있었다.
브레이크가 말을 듣지 않았다.
힘껏 밟아도 차는 멈추지 않았다.
도로는 내리막.

속도는 점점 붙었다.

눈앞에는 커브가 있었다.

그런데 이상했다.

아니, 이상하지 않았다.

"아까까지만 해도 자전거였는데?"

그런 생각조차 들지 않았다.

너무나 자연스럽게 받아들이고 있었다.

꿈속에서는

말도 안 되는 변화도

이상하다고 느끼지 않는다.

깨어난 뒤에야,

"뭔가 이상했지" 하고 생각한다.

그러곤 "그냥 개꿈이었나 보다" 하고 넘긴다.

그렇다면 현실은 어떤가.

혹시 지금도,

이상한 변화가 벌어지고 있는데

우리가 눈치채지 못하고 있는 건 아닐까?

아침에 눈을 떴다.

부엌에서는 설거지 소리가 나고,

아내가 아침을 준비하고 있다.

작은 방에서는 아이들의 숨소리가 들린다.

또 하나의 평범한 하루다.

그런데, 정말 어제의 연속일까?

혹시 아내와 아이들은

내가 처음 보는 사람들인데,

내 기억 속 '익숙함'이

그들을 자연스럽게 받아들이게 하는 건 아닐까?

영화 『다크 시티』는 바로 이런 의문에서 출발한다.

주인공은 어느 날,

자신이 누구인지조차 기억하지 못한 채 깨어난다.

도시는 매일 밤,

알 수 없는 힘에 의해 재구성되고,

사람들의 기억은 다른 삶으로 덧씌워진다.

어제와 오늘이 이어지는 것처럼 보이지만,

실은 매번 다른 이야기가 새겨진다.

그 안에서 주인공은 '진짜 나'를 찾아 나서고,
허구로 짜인 세계의 비밀을 마주하게 된다.
이걸 정말 영화 속 허구라고만 할 수 있을까?

어제는 전혀 다른 곳,
다른 삶을 살다가 잠이 들었을지도 모른다.
그리고 오늘 아침,
나는 전혀 다른 설정 속에서 깨어난다.
그럼에도 우리는 묻지 않는다.
그저 '일상의 연속'이라 믿을 뿐이다.

사람들은 장래의 바람을 "꿈꾼다"라고 한다.
간밤에 본 장면을 "꿈꿨다"라고 한다.
둘은 같은 꿈일까, 다른 꿈일까?
아니면 방향만 다른 것일까?

현실이 꿈으로 가면 "꿈꿨다".
꿈이 현실로 오면 "꿈꾸다".
하지만 모든 현실이 꿈이 되지 않고,

모든 꿈이 현실이 되지도 않는다.

장자의 호접몽.
장자는 꿈에서 나비가 되어 날아다녔다.
깨어나 보니 장자였다.
과연 장자가 나비가 된 꿈을 꾼 것인가,
나비가 장자를 꿈꾸고 있는 것인가.
현실과 꿈의 경계가 무너진 순간이다.

TV를 본다고 하자.
드라마 속 주인공이 중요한 비밀을
막 털어놓으려는 순간,
내 휴대폰에서 진동이 울린다.
리모컨으로 '일시정지'.
통화를 마치고 재생 버튼을 누르면,
그들은 아무 일도 없었다는 듯
대화를 이어간다.

만약 그 드라마 속 세상이 진짜라면?

그 주인공은 말하려다 멈추고,
한참을 기다리고 있었을까?
아마 아닐 것이다.
그는 멈춘 시간조차 인식하지 못한 채,
단절 없는 세계 속에서 장면을 이어 나간다.
마치 멈춘 순간이 없었던 것처럼.

우리가 살아가는 이 현실도
혹시 누군가의 '재생' 버튼으로
이어지고 있는 건 아닐까?
시간이 멈추거나 건너뛰는 일이 생기고 있는데도,
우리는 전혀 눈치채지 못하고 살아가는 건 아닐까?
꿈속에서 자전거를 타다가
어느새 운전석에 앉아 있는 것처럼,
이상한 전환을 겪고도
아무렇지 않게 받아들이는 것은 아닐까?
과연 이 세상이 우리가 믿는 대로
'연속적'이고 '논리적인' 진짜 현실일까?

그러나 훈련을 통해,
우리는 꿈속에서 느끼는 그 미묘한 어긋남을
자각할 수 있다.
그리고 그 경험은 현실에도 그대로 적용된다.
주변의 흐름이 이상하게 느껴지는 순간,
그것이 무엇인지 붙잡아 바라보는 것이다.
마찬가지로 수행을 통해,
이 세상에서 일어나는 모순과 어긋남을
알아차릴 수 있다.

"이건 진짜가 아닐지도 몰라."
그 순간, 익숙하던 세계의 결이 달라진다.

삼년 기도문

강릉의 바닷가 카페.
초여름 햇살이 창문 너머로 비스듬히 들어왔다.
바다는 잔잔했고, 파도는 낮게 숨 쉬는 듯 밀려왔다.
손에 쥔 머그잔에서 김이 피어오르고,
그 따뜻한 향이 코끝을 스쳤다.
나는 천천히 한 모금 마셨다.
여행의 마지막 날, 이렇게 바다를 바라보니
지난 몇 년의 풍경이 마음속에 펼쳐졌다.
젊은 나이에,
나는 직장을 그만두었다.
세상의 기준으로 보면
꽤 안정적인 자리였다.
하지만 마음 한구석은 늘 허전했다.
돈도, 일도, 남들보다 뒤처지지 않게 달려왔는데—
이상하게도 내 안의 어떤 갈증은

좀처럼 채워지지 않았다.
살다 보면, 누구나 이런 순간을 만난다.
겉으로는 아무 문제가 없어 보이지만,
속에서는 '이 길이 맞는가' 하는
작은 의문이 자라나는 시간.
그 질문이 더 이상 미룰 수 없을 만큼 커졌을 때,
나는 멈추기로 했다.
삶의 방향을 바깥에서 안쪽으로 돌려보자.
그렇게 직장을 내려놓고
마음의 길로 접어들었다.
하지만 막상 그 길에 서 보니,
생각만큼 평온하지 않았다.
몸은 자유로워졌지만
마음은 오히려 더 흔들렸다.
수행은 잘되지 않았고,
주위 시선은 차가웠다.
아니, 젊은 나이에
스스로 직장을 박차고 나왔다는 사실을
대부분 쉽게 이해하지 못했다.

말로 하든, 눈빛으로 전하든,
그 시선은 한결같이 내 선택을 낯설어했다.
나 또한 사회의 편견에서 자유롭지 못했다.
내 마음의 내공은 아직 그 무게를 버틸 만큼
단단하지 않았다.
그렇게 조금씩 위축되었고,
오히려 수행과는 점점 멀어져 갔다.
아마 많은 사람이 이런 시간을 겪었을 것이다.
무언가를 내려놓고 더 나은 삶을 꿈꿨지만,
되려 불안과 두려움이 밀려드는 시간.
나 역시 그 벽 앞에서 걸음을 멈추었다.
답답한 마음에 나는 사주를 보러 갔다.
점쟁이들은 한결같이 말했다.
"향후 3년은 움츠러드는 시기입니다.
무리한 활동보다 내면을 채우는 시간이 되어야 합니다.
공부하세요. 때를 기다리세요."
그 말을 들으며, 선택의 여지가 많지 않음을 느꼈다.
다만 한 가지,
이 느린 시간이 실패가 아니라 '준비의 시간'일 수

있다는 생각만은 붙잡았다.

그래서 다짐했다.

다가올 3년,

인욕바라밀을 실천하며

공부와 수행에 마음을 온전히 두기로.

그리고 그 마음을, 글로 묶어 두기로 했다.

맹세이자 고백이며,

절망 속에서 꺼낸 하나의 불씨였다.

삼년 기도문

인생에는 정답이 없다.

남과 비교하는 데 시간을 낭비하지 않겠다.

누구에게나 저마다의 길이 있다.

그 길 위에서 스스로 당당히 서겠다.

얻고 잃음에 집착하지 않겠다.

모이고 흩어지는 모든 것은 인연일 뿐.

그 흐름을 받아들이며 마음을 비우겠다.

헛된 꿈속에서 깨어나겠다.

헛된 것을 좋은 것이라 여기는
어리석음에서 벗어나겠다.
미래는 불확실해 보일지라도,
그 안에서 밝음을 발견하겠다.
앞으로의 시간을
인생의 쉼표로 삼겠다.
그 안에서 어려움은 디딤돌로 삼고,
헛되이 시간을 낭비하지 않겠다.
부정적인 생각은 허상이다.
그 허상에 매이지 않고,
무아의 진리 안에서 살아가겠다.
참회의 마음으로,
고요한 길 위에서 살겠다.
수행자로 살아가겠다.

16

젖은 청바지와 맑은 물

밤 9시에 잠이 들었다.
지친 하루였고, 어쩌면 마음속 깊은 결심이
몸을 일찍 눕게 한 것이었는지도 모른다.
눈을 떴을 때, 시계는 11시 반.
기껏해야 두 시간 남짓 잤을 뿐인데
새벽 다섯 시쯤 된 줄 알았다.
몸도 마음도, 깊이 내려갔다가
금방 다시 떠오른 듯한
묘한 잠이었다.
그 짧은 시간,
나는 꿈을 꾸었다.

어느 절이었다.
취재 노트를 들고 대웅전으로 들어가려
마당을 지나던 중,

갑자기 발이 축축해졌다.

눈을 내려다보니, 허벅지까지 물에 잠겨 있었다.

수채 구덩이 같은 곳에서

냄새나는 물이 차오르고 있었다.

입고 있던 청바지가 순식간에 젖었고

정신이 번쩍 들었다.

"이게 뭐지?"

마당 옆, 약간 높은 곳으로 올라가 보니

사람들이 누군가를 향해 웅성이고 있었다.

누군가 배수 펌프를 잘못 건드린 모양이었다.

잠시 후, 물은 빠졌다.

다시 마당으로 내려가 보니

대웅전 뒤편에는

맑고 투명한 물이 조용히 흐르고 있었다.

신발을 벗고 대웅전 같은 공간에 들어갔다.

그 옆엔, 뜻밖에도 작은 카페가 자리하고 있었다.

하지만 나는 도저히 그 안에 머물 수 없었다.

젖은 바짓단, 찝찝한 감촉.

결국 다시 나와

뒷뜰로 향했다.

거기엔 유난히 맑고 깨끗한 물이 있었다.

나는 그 물에 발을 씻고

수건으로 조심스럽게 닦았다.

그러곤 다시 안으로 들어갔다.

그게 전부였다.

그리고 눈을 떴다.

이날, 내가 명예퇴직을 신청했다.

긴 시간의 일터를 떠나는 날.

몸은 무심한 듯 움직였지만,

마음은 하루 종일 미세하게 떨리고 있었다.

그래서일까.

꿈속에서 나는

더럽혀지고,

비난이 있었고,

그러다 이내 물이 빠지고,

맑은 물에 발을 씻고,

다시 들어가는 과정을 겪었다.

때로 꿈은
말보다 더 정직하게
우리의 내면을 비춘다.
'퇴직'이라는 말은 끝처럼 보이지만,
그건 어쩌면 한 번 더 들어가기 위한
정화의 의식인지도 모른다.
잠시 더 눕기로 했다.
남은 시간만큼은
좀 더 깊이,
좀 더 가볍게
내 안으로 내려가고자 했다.

17

길을 찾아 떠나다

바닷가 모래 위를 맨발로 걸었다.
파도는 발목을 적시고,
바람은 소금기 섞인 향을 실어왔다.
아침 햇살이 수면 위에서 반짝였다.
잠시 걷다 멈춰, 방파제 옆 벤치에 앉았다.
저 너머로 이어지는 수평선을 바라보니,
문득 이런 생각이 들었다.
50대 이후의 삶.
그건 먼 미래가 아니라
언젠가 반드시 찾아오는 계절이다.
그 계절이 왔을 때
나는 어떤 삶을 살고 있을까.
누군가는 어떤 길 위에 서 있을까.
49살까지 나는 은행에 다녔다.
겉으로는 '잘 나간다'는 말을 들었고,

자리도 올랐다.

조금만 운이 더 좋았다면

더 높은 자리도 가능했을 것이다.

그런데…

그 자리가 정말 내가 원하던 곳이었을까?

나는 40대 초반부터

퇴직을 꿈꾸며 살았다.

그건 단순한 권태가 아니었다.

삶과 죽음의 경계,

그 너머를 보고 싶은 마음이었다.

젊은 날에는 미래가 끝없이 이어질 것 같았다.

그러나 불현듯, 생이 길지 않을 수도 있다는

낯선 예감이 마음에 머물렀다.

마흔을 넘기며,

몸은 조용한 경고를 보내기 시작했다.

그때부터 나는

건강 관리에 조금씩 신경 쓰며 살아갔다.

죽을 때 죽더라도,

떠나기 전에 한 번은

꼭 깨닫고 싶었다.
삶과 죽음의 이치를.
그 너머의 고요를.

부처님은 말씀하셨다.
인간으로 태어난 건
천년에 한 번 바다 위로 떠오르는 거북이가,
또 천년에 한 번 떠다니는
구멍 난 나무 상자에 목을 넣을 확률만큼
희귀한 일이라고.
그 희귀한 시간을
나는 어떻게 쓰고 있는가.

20대부터 내가 멘토로 모시던 도인이 있었다.
시골에 터를 잡고, 조용히 수행에 전념하시는 분이었다.
30대 중반, 그 도인이 내게 말씀하셨다.
"공부를 시작하라."
그리고 덧붙였다.
"시내에서 가장 좋은 위치의 건물을 사라."

돈이 없다고 하자

그는 말했다.

"10억, 아니 그 이상도 빌려주겠다. 이자 없이."

당시는 IMF 직후였다.

감정가의 90% 이상까지 대출이 가능하던 시절.

범어네거리 20억짜리 건물이

마치 버려진 듯, 값이 내려앉아 있었다.

만약 누군가

당신에게 이렇게 말한다면 어떨까.

"생계는 내가 보장하겠네.

남은 생은 하고 싶은 일에 쓰게."

당신은 바로 그 길로 나설 수 있겠는가.

나는 그러지 못했다.

처음엔 경매 잡지를 사서 틈만 나면 물건을 뒤졌다.

페이지마다 가능성과 설렘이 번쩍였다.

그러나 곧,

보고서와 회의, 거래처와 술자리 속에 파묻혀

다시 세속의 하루로 돌아갔다.

훗날 그는 담담히 말했다.

"도와주고 싶었지만, 너는 그 복이 없구나."
그 말은 오래 남았지만,
난 여전히 퇴직을 꿈꾸었다.
지점장으로 지낸 세월,
책임의 무게는 분명 컸지만,
그 속에서도 보람과 성취가 있었다.
동료들과의 협력,
작은 목표를 하나씩 이루어 가는 기쁨도 있었다.
그러나 시간은 속절없이 흘러가고,
내 안쪽을 들여다볼 여유는 점점 사라졌다.
그 무렵, 조직에는
조기퇴직을 유도하는 제도가 있었다.
나는 언젠가 그 기회를 선택하리라 생각했다.
그러다 마침내,
변화의 바람이 회사 전역을 스쳤다.
그와 함께, 조기퇴직 조건은
이전엔 상상하기 힘들 만큼 파격적이었다.

그 순간, 나는 알았다.

이제는 바깥의 성취보다
내면의 길을 걸어야 할 때라는 것을.
그해 1월,
나는 108배 기도를 시작했다.
100일이 지나고, 200일, 가을이면 어느새 300일이
채워져 있었다.
남들은 해고를 피하게 해달라고 빌었지만,
나는 오히려 이렇게 기도했다.
"제발, 퇴직하게 해주십시오."
그리고 그해 여름,
나는 회사를 떠났다.
생계는 큰 무리가 없을 거라 생각했지만,
그보다 더 중요한 건 남은 시간을
어떻게 살 것인가였다.
수행에 전념하며 내 안의 답을 찾고 싶었다.
그 선택이 옳았는지는,
앞으로의 날들이 말해줄 것이었다.

그날 이후,

나는 새로운 길 위에 섰다.

청복과 홍복

복에도 종류가 있다.

푸른 복이 있고, 큰 복이 있다.

청복(淸福)과 홍복(洪福)

우리는 흔히 홍복을 원한다.

아들딸 잘되고, 돈 잘 벌고, 명예도 있고,

건강까지 따라오는 것.

세간에서 말하는 '잘 산다'는 삶.

그것이 바로 크고 넘치는 복, 홍복(洪福)이다.

'홍(洪)'은 붉을 홍(紅)이 아니라, 큰물 홍(洪)이다.

강물처럼 밀려오는 복, 순식간에 몰아치는 복.

그래서 그 복은 강렬하고 눈부시지만,

한편으로는 크기에 눌리고,

속도에 떠밀리는 복이기도 하다.

많은 사람들은 그런 복을 원하고,

그 복을 얻기 위해 평생을 달린다.

하지만 그 복은 반드시 오래 머물러 주는 것은 아니다.
그래서 홍복(鴻福)이라고도 한다.
기러기처럼 날아가 버리는 복이라는 뜻이다.

그러나 세상에는 또 다른 복이 있다.
눈에 잘 띄지 않지만, 그윽하고 오래가는 복.
그것을 청복(淸靑)이라 한다.
청복은 이렇게 말한다.
한평생 헐벗지도 않고, 굶주리지도 않으며
너무 궁색하지도 않아서
산천을 거닐며 바람을 즐길 수 있기를.
병 없이 조용히 생을 마감할 수 있기를.
그것이면 충분하다고.
이런 복을 옛사람들은 상계 신선의 복이라 불렀다.
하늘의 경지에서 누리는 조용한 축복.
소리 없이 다가오는 은은한 평온.

물론, 생계가 불안한 상황에서
'청복'만 이야기하는 건 공허하다.

굶주림과 빚 앞에서는,
홍복이 먼저 와야 한다.
안정된 수입과 건강이 있어야만
비로소 여유로운 생각도 가능한 법이다.
그러나 오늘날은 예전처럼 굶어 죽는 일이 드물다.
그런데도 많은 사람들이 지치고 불행해지는 이유는,
절대적인 결핍보다 '상대적 박탈감' 때문이다.
옆과 끊임없이 비교하며
자신의 속도를 잃어버릴 때,
비로소 다른 복이 보이지 않는다.

삶의 속도를 늦추고 내면을 바라보는 사람에게는,
때로 홍복이 번거롭게 느껴질 수 있다.
크고 화려한 복일수록 세속의 티끌(紅塵)을 동반한다는
사실을 알기 때문이다.
부귀영화는 길 위의 화려한 간판처럼 눈길을 끌지만,
그 아래엔 늘 경쟁과 시기, 소멸의 불씨가 깔려 있다.
진짜 복은
고요 속에서 깃든다.

그래서 청복은
지혜를 가진 자만이 누릴 수 있는 복이다.

힌두교에는 바나프라스타(vānaprastha)라는 말이 있다.
직역하면 숲으로 들어감.
자녀가 성장하고 가정의 책임이 끝나는 시기,
완전한 은둔은 아니지만
점차 사회적 의무에서 물러나서
명상과 내면의 삶으로 전환하는 것을 뜻한다.
굳이 종교적 수행자가 아니더라도,
누구나 인생의 어느 시점에서는
소유보다 비움이 더 값진 순간을 만나게 된다

이제는 무언가를 얻기보다,
비로소 덜어내는 복을 안다.
이것이 바로 청복이다.
청복은 대개 말년에 찾아온다.
하지만 사람들은 그것을 복으로 여기지 않는다.
노인들은 오히려 그 조용함을

죽음보다 더한 적막으로 받아들인다.
그러나 진실은 다르다.
그 고요 속에서 비로소
삶의 본래 얼굴이 드러난다.
그 자리는 더 이상 홍복의 자리가 아니다.
비로소 청복이 자리를 잡는 시간이다.

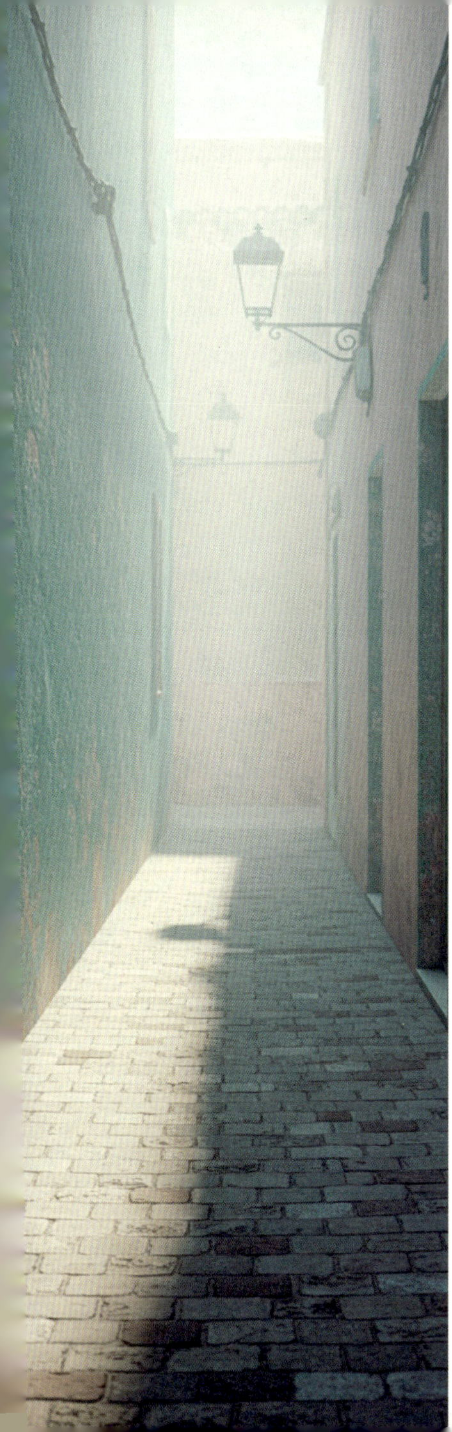

III

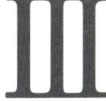

잃어버린 마음을 찾아서

19. 그저 쳐다보는 일

20. 생각이라는 이름의 망상

21. 잃어버린 마음을 찾아서

22. 고요 속의 그림자

23. 생각의 첫 발

24. 서툰 무언가가 되자

25. '미안'을 닦는다는 것

26. 꿈속의 학교

27. 바람처럼

살아가다 보면 마음이 제자리를 잃어버릴 때가 있다.

그때 우리는 자신이 무엇을 잃었는지도 모른 채,

공허 속을 배회한다.

그러나 잃어버린 마음은 사라진 것이 아니라,

잠시 길을 잃었을 뿐이다.

그 마음을 찾아가는 길은

곧 나에게로 돌아가는 길이다.

그저 쳐다보는 일

마음은 단단한 덩어리가 아니다.
손에 잡히는 것도,
실체로 붙잡을 수 있는 것도 아니다.
그저 한 과정일 뿐이다.
하나의 생각이 오고,
또 다른 생각이 뒤따라 오고,
그 뒤로 또 다른 생각이 이어진다.
그 간격이 너무 짧아
우리는 마음이 끊임없이 이어져 있는 듯 착각한다.
그러니 실상, '마음'이라 부를 만한 것은 없다.
다만 스쳐 가는 생각만 있을 뿐이다.
그리고 그 생각조차도
내 안에서 스스로 피어나는 것이 아니다.
바람처럼 어디선가 와서, 잠시 머물다,
다시 어디론가 흘러간다.

그러므로 생각에 휩쓸리지 마라.
그것 때문에 괴로워하지도, 기뻐하지도 마라.
근심하거나 좌절하지도 마라.
이 단순한 이치를 모르는 사람은 없다.
하지만 막상 생각이 몰려올 때,
그것을 한 걸음 물러서서 바라보는 이는 드물다.
대부분은 그 흐름에 휩쓸려
그 속에서 기뻐하고, 화내고, 상처 입는다.
바라보면 사라질 것을,
대부분은 바라보지도 못한 채
생각 속에 잠긴다.

생각은 홀로 오지 않는다.
눈에 비친 형상,
귀에 스친 소리,
코와 혀가 느낀 맛과 향,
몸이 받아들인 감촉—
이 모든 감각이 생각을 빚어내어
마음을 움직인다.

그러니 지금 이 순간 떠오른 생각,
그리고 그 생각을 만든 감각까지도
실체가 없는 것으로 보아라.
그 순간, 모든 것이 돌연
꿈과 같아진다.
눈에 보인다고 믿지 마라.
그것은 꿈속에서 본 그림자다.
귀에 들린다고 믿지 마라.
그것 역시 꿈속의 메아리다.
코로 맡고, 혀로 맛보고,
몸으로 감지한 모든 것―
그 또한 꿈속에서 일어난 일이다.
꿈속에서 슬펐던 일은,
눈을 뜬 뒤 어디에 있는가.
기뻤던 일, 화가 났던 일,
근심과 괴로움은―
지금, 어디에 있는가.
모두 사라졌다.
모두, 꿈속의 일이었다.

그러니 지금의 생각도,
그 생각이 빚어낸 감정도,
그 감정에 반응하는 몸까지도
꿈이라 여기라.
그렇게 꿈이라 여기며 바라보는 것,
그 순간 나는 '나'가 아니라
나를 바라보는 관조자가 된다.
그것이 자각(awareness)이며,
그것이 쳐다봄(witnessing)이다.
바라보기만 하면 된다.
안·이·비·설·신·의,
육근이 일으킨 모든 망상은
저절로 사라진다.
깨어 있으라.
그리고 그저 바라보라.
그 이상은 아무것도 할 필요가 없다.

20

생각이라는 이름의 망상

나를 괴롭히는 건

세상도, 사람도 아니다.

오직 내 생각뿐이다.

마음이 지어낸 그림자 같은 망상.

그것은 어디에도 실체가 없다.

그런데도 나는

그 허상에 휘둘린다.

우리는 흔히 말한다.

"저 사람이 나를 힘들게 해."

"그 일이 나를 괴롭힌다."

하지만 가만히 들여다보면,

괴로움은 바깥이 아니라

내 안에서만 일어난다.

외부는 방아쇠일 뿐,

고통은 내가 스스로 만들어낸다.

불교의 말처럼,
삼계(三界)는 오직 마음뿐이다.

그런 시절이 있었다.
언어의 빛이 희미해지고,
날들은 무채색으로 흘러가던 때.
불안과 무거움이 마음을 감싸며,
나는 그 이유와 평온을 찾고자
명리학을 다시 공부하기 시작했다.
여러 명리인을 찾아갔다.
그들 대부분은 말했다.
"다시 취직하게 될 겁니다."
그 말이 희망이었을까,
아니면 잠시 숨 고를 구실이었을까.
그때 나는 앞길이 불투명해 답답했지만,
결국 그 예언대로 다시 일터로 돌아왔다.
그때 알았다.
내가 그렇게 괴로워했던 건
직장이 없어서가 아니었다.

'없을 거라 믿었기' 때문이다.

사고의 메커니즘은 단순했다.

없을 땐 "앞으로도 없을 거야"라는 예단.

있을 땐 "곧 사라질 거야"라는 그림자.

문제는 직장의 유무가 아니었다.

불안을 만들어 내는

나의 사고방식이었다.

나는 늘 최악부터 떠올리는 습관이 있었다.

그게 내 생존 전략이었는지도 모른다.

마치 뇌 속의 '아미그달라',

위험을 감지하는 센서가 작동하듯,

내 안의 방어기제는

언제나 나쁜 쪽을 먼저 살폈다.

하지만 그 방식은

나를 지키는 대신

천천히 갉아먹었다.

가정해 보자.

내가 은행을 계속 다녔다면

걱정은 사라졌을까?

아니다.

나는 여전히 걱정을 안고 있었을 것이다.

결국 이것은 게임이다.

세상은 무대,

나는 그 속의 플레이어.

내게 주어진 퀘스트는

직장이 있느냐 없느냐가 아니라,

'생각'이라는 망상에서

나를 해방시키는 일이다.

그리고 이 게임의 난이도는

환경이 아니라

시선을 어디에 두느냐로 결정된다.

이제, 나는 그 게임을

제대로 시작하려 한다.

21
잃어버린 마음을 찾아서

가을 하늘이 유난히 맑은 날,
자전거를 타고 회연서원으로 향했다.
시골집에서 1시간, 부드러운 황토길 끝에
조용히 서 있는 서원이 나타났다.
대가천의 물소리가 옆에서 흐르고,
낡은 기와와 고목들이 가을빛을 품고 있었다.
이곳은 조선 중기의 대유학자 한강 정구를
기리는 곳이다.
나는 서원 앞마당의 돌길에 앉아,
무심한 하늘과 구름을 보면서
그와 관련된 일화를 생각했다.
그의 제자 배상룡의 회고였다.
어느 날, 종이 와서 매를 잃었다고 했다.
배상룡은 당장 집으로 가
샅샅이 찾아야겠다고 마음먹었다.

그 모습을 본 정구는 물었다.
"무슨 이유로 그렇게 급히 돌아가려 하느냐?"
사정을 들은 정구는 정색하며 말했다.
"만일 그대의 풀린 마음을 수렴하는 정성이
도망간 매를 찾는 것처럼 절실하다면,
옛 학자보다 못할 것이 무엇이 있겠는가?"
이 일화는 묻는다.
우리는 지금,
우리의 마음을 그렇게 찾고 있는가?

'구방심(求放心)'.
마음을 되찾는다는 말이다.
『맹자』에 나오는 구절로,
잃어버린 마음을 다시 찾는 것을 뜻한다.
우리는 일상을 살아가면서
수양하지 않으면 금세 외부 자극에 휩쓸린다.
바깥의 소리에 귀를 기울이다 보면
정작 내 마음이
지금 어떤 상태인지조차

자각하지 못한다.
이 상태를
'방심(放心)'이라고 한다.
『맹자』에는 이렇게 적혀있다.
"인(仁)은 사람의 마음이고,
의(義)는 사람의 길이다.
그 길을 따르지 않으며,
그 마음을 놓고도 찾을 줄 모르니,
가히 애석하구나.
닭과 개가 사라지면 찾으면서도,
마음이 사라졌을 땐 찾을 줄 모른다.
학문이란 다른 게 아니다.
잃어버린 마음을 찾는 것이다."

옛사람의 말이 지금도 유효한 건,
우리 역시 닭이나 개를 잃으면
온 동네를 뒤지면서도
마음이 어디 있는지는
좀처럼 찾지 않기 때문이다.

마음은 가까이에 있어도
늘 함께 있는 건 아니다.
집 안을 거니는 반려견처럼,
어떤 날은 곁에 머무르지만
어떤 날은 훌쩍 사라져 버린다.
반려견이 사라지면
집 안 공기가 달라지듯,
마음을 잃으면 삶의 결이 변한다.

결국 수행이란 거창한 것이 아니다.
내 마음이 지금 어디에 있는지,
어디로 향하고 있는지
자각하는 일.
그 순간,
잃었던 열쇠가 손에 들어오듯
삶의 중심이 제자리로 돌아온다.

22

고요 속의 그림자

영하 10도. 시베리아 기단이 내려와
전국이 꽁꽁 얼어붙었다.
따뜻함을 찾아 이곳, 시골 남은리로 내려왔다.
벽난로에 장작을 넣고,
가벼운 옷차림으로,
한겨울의 고요 속에 앉아 있다.
집 밖을 떠돌던 고양이는 보이지 않는다.
검은 고양이였다.
시골에 머무를 때면,
사료 그릇이 언제 비워졌는지 모를 만큼
조용히 다녀가곤 했다.
이번 엄동설한에는… 어쩌면 얼어 죽었을까.
그 생각이 가슴 한구석을 서늘하게 스친다.
며칠간 이곳에 머물며,
책을 읽고, 글을 쓰고,

한파 속 시간을 천천히 건너갈 것이다.
차가운 공기 속에 고요가 더 깊어진다.
나는 무서움을 조금 타는 편이다.
그러나 그건 겁이라기보다,
고요 속에서 더 예민해지는 감각에 가깝다.
인적 없는 산에 서면,
낯선 고요에 마음이 살짝 긴장한다.
특히 산속에 텐트를 칠 때,
다른 사람들의 기척이 있으면 괜찮지만
완전히 혼자 있는 순간은
아직 익숙하지 않다.
여행지의 작은 숙소도 마찬가지다.
낯선 이불, 낯선 공기.
아마도 낯선 잠자리에 쉽게 적응하지 못하기 때문이다.
여기도 인적이 드문 외진 마을.
밤이 오면,
귀 끝이 작은 소리에도 곤두선다.
무서움은 이렇게, 고요를 더 날카롭게 만든다.

그럴 때, 문득 백성욱 선생님의 말씀이 떠오른다.
"무서움 또한 수행의 대상이다."
밤길을 걷다가,
뒤에서 누군가 잡아끄는 듯한 기운이 느껴지면
그 자리에 멈춰 서서,
30분 동안 장계를 하고
'미륵존여래불'을 외웠다고 한다.
그렇게 무서움을 수행으로 삼아 극복한 것이다.
나 역시 언젠가 이 무서움과
정면으로 마주해야 한다.
내 마음을 닦는 중요한 도구로서,
이 감정을 붙잡고 견디며
결국 '나'라는 집착,
곧 아상을 끊어내야 한다.
무서움은 생각에서 비롯된다.
생각이 없으면 무서움도 없다.
마치 '죄무자성(罪無自性)'.
죄에는 자성이 없다.
스스로 존재하는 성품이 없다는 뜻이다.

어떤 장면을 떠올리는 순간,

심장은 먼저 반응한다.

밤에 혼자 있으면,

문이 벌컥 열리며 낯선 발자국이 다가오는 모습,

발밑에서 뭔가 잡아끄는 기척이 스친다.

누가 봐도 허무맹랑한 상상.

하지만 그 순간의 심장은 이유를 묻지 않는다.

아득한 세월을 건너온,

아주 오래된 경보음이 켜진다.

아마 원시의 인간이 밤을 견디기 위해

간직해야 했던 감각일 것이다.

위험을 과장해서라도 살아남게 만드는 본능.

그러니 무서움은 결함이 아니라

생존의 증거다.

문제는, 위험이 없는데도

그 본능이 오래 머무는 경우다.

산길을 혼자 걸으며 생각해 본다.

내가 두려워하는 건 사람일까,

사람이 아닌 다른 존재일까.

사람이라면 가능성은 희박하다.

인적 드문 산속에서,

굳이 나를 찾아 헤매는 누군가를

만날 확률은 거의 없다.

귀신이라면 더하다.

사람을 해친 귀신 이야기는

전설 속에서나 들을 수 있을 뿐.

물리적으로는 나를 건드릴 방법이 없다.

이렇게 따져보면,

무서워할 이유는 없다.

그런데도 밤의 고요는,

늘 이유 없는 그림자를 데리고 다닌다.

고양이의 그림자에도,

물방울의 맺히는 소리에도

마음이 출렁인다.

무서움은 생각을 불러들이고,

그 생각이 다시 무서움을 키운다.

그래서 알게 된다.

무서움의 뿌리는 바깥이 아니라

내 안의 그림자라는 것을.
그 그림자를 들여다보는 일,
그것이 수행이다.

생각의 첫 발

부산 광안리의 밤이다.
여름밤, 해변 도로는 사람들로 붐빈다.
카페와 펍마다 웃음과 잔이 넘치고
바다 위에는 요트 불빛이 깜박인다.
멀리서 파도 소리가, 가까이선 음악이 섞여
한 덩어리의 소란이 된다.
이윽고 밤하늘이 첫 불꽃으로 열렸다.
그리고 팡, 팡, 팡—
밤하늘이 환하게 부서진다.
그 순간, 불꽃놀이가
마음속 생각과 닮아 있다는 느낌이 스쳤다.
생각에는 두 종류가 있다.
1차적 생각과 2차적 생각.
수업 중이었다.
강의에 집중하고 있는데

문득 어젯밤 먹었던 피자가 떠올랐다.
여기서 멈췄다면, 그건 1차적 생각이다.
'아, 피자가 생각나는구나.'
그렇게 알아차리고 바라보면 된다.
하지만 보통은 그렇지 않다.
'어제 피자 참 맛있었는데.'
'남은 건 부엌에 있나?'
'엄마가 치웠을까?'
'오늘 밤에도 먹을까?'
'아니야, 매일 먹으면 살찌잖아.'
이렇게 꼬리를 문다.
이것이 2차적 생각이다.

불꽃놀이는 생각의 모습을 닮았다.
첫 불꽃은 하늘로 오르지만,
곧 터지고 사라진다.
생각도 그렇다.
번쩍이는 찰나가 지나면,
허공엔 아무것도 남지 않는다.

조용히 하늘로 치솟는 첫 불꽃,

그 순간이 1차적 생각이다.

올라가는 그 찰나를 알아차릴 수 있다면,

뒤이어 터지는 화려한 2차적 생각들은

아예 일어나지 않거나 훨씬 줄어든다.

불꽃놀이는 보는 순간엔 아름답지만

몇 초도 안 돼 사라진다.

하늘은 다시 고요해진다.

생각도 마찬가지다.

아무리 강렬해도

본래 마음의 하늘은 텅 비어 있다.

수행이 깊어질수록

우리는 이 '첫 발'을 알아차리는 데 집중하게 된다.

내공이 쌓이기 전까지는

1차와 2차를 구분하고,

첫 발을 놓치지 않는 훈련이 도움이 된다.

첫 발이 오르는 순간,

그것이 바로

생각의 자유를 되찾는 시작점이다.

24

서툰 무언가가 되자

나는 대기업에서 팀장 역할을 맡았다.

그리고 대본을 받았다.

읽어보니, 상사에게 깨지고

부하직원과 마찰이 생기도록 쓰여 있었다.

그 대본이란, 어쩌면 사주팔자 같은 것이다.

막이 오르고, 연극이 시작되었다.

무대 위에서 나는 상사에게 혼나고,

부하직원과 충돌하며 스트레스를 받았다.

그 순간, 이게 연극임을 까맣게 잊고 있었다.

연극이 끝나고 조명이 켜졌을 때,

비로소 깨닫는다.

"아, 그건 연극이었구나."

그리고는, 연극 속에서 너무 진심이었던 나 자신이

조금 부끄러진다.

우리가 일상에서 하는 모든 생각과 행동 역시

대본에서 비롯된다.

윗사람 앞에서는 아랫사람 역할을,

아랫사람 앞에서는 윗사람 역할을 한다.

옆 사람 앞에서는 동료,

집에서는 아빠, 아들, 남편의 역할을 한다.

언제 어디서든 우리는

끊임없이 배역을 연기하고 있다.

그리고 그 배역 안에서 내가 한 말, 내가 한 행동은

내가 즉석에서 만들어낸 것이 아니라,

사실은 대본대로 흘러간 것일 뿐이다.

최면술사가 말한다.

"당신은 깨어난 뒤 30분 후에 창문을 열게 될 것이다."

그는 눈을 뜬다.

30분이 지난다.

정확히, 창문을 연다.

"왜 열었나요?"

"더워서요. 답답해서요."

그는 그렇게 대답한다.

그러나 그건 이유가 아니다.

우리도 그렇다.

사주라는 대본, 혹은 어떤 프로그램에 따라 움직인다.

하지만 우리는

그걸 전혀 모른 채

모두 자신이 선택했다고 믿는다.

그래서 속으면 안 된다.

"내가 주체적으로 행동하고 있다"는 믿음,

그것조차도

역할을 잘 해내기 위해

대본을 살짝 고쳐 쓰고 있을 뿐이다.

그렇다면 어떻게 할까.

대본에 너무 충실하려 하지 말자.

완벽한 연기를 내려놓아 보자.

때로는 대사를 틀려도 좋고,

엉성하게 행동해도 좋다.

서툰 무언가가 되자.

서툰 사람, 서툰 아빠, 서툰 남편, 서툰 자식.

서툰 아랫사람, 서툰 윗사람, 서툰 동료,

서툰 이웃이 되자.
완벽하고 싶어도 완벽할 수 없고,
서툴고 싶어도 서툴 수 없는 삶이라면,
그저 서툰 나를 받아들이자.
마음의 속박을 벗고,
조금은 자유의 냄새를 맡으며 살자.

25

'미안'을 닦는다는 것

거울 위에 묵은 먼지가 앉아 있으면,

아무리 안쪽이 반짝여도 바깥의 흐림이 먼저 보인다.

'미안'도 그렇다.

작고 부드러운 먼지 같지만,

겹겹이 쌓이면 시야를 흐리고 숨을 조인다.

우리는 오래도록 그 먼지를 달고 살았다.

누군가의 표정이 흐릿해지면,

'혹시 내가 불편하게 했나?'부터 생각했다.

카페에서 빈 테이블을 발견해도,

'혹시 치운 지 얼마 안 된 자리일까?

다른 손님이 예약했나?'

먼저 걱정부터 한다.

의자에 앉기 전까지,

이미 마음속에서는 수십 번 일어나 앉기를 반복한다.

겉으로는 배려 같지만, 사실은

내 존재를 조심스럽게 지우는 '눈치'였다.

그 바탕에는

'혹시 내가 누군가에게 불편을 주면 어쩌지?'라는

막연한 불안이 깔려 있다.

이건 결국 자기 억압으로 이어지고,

나중에는 '내 삶을 살지 못했다'는 허무감으로

남을 수 있다.

굳이 정답을 말하자면,

타인에 대한 최소한의 배려는 지켜야 한다.

하지만 나의 존재와 선택을 지울 만큼의 눈치는

줄여야 한다.

즉, 남에게 피해를 주지 않으면서도 나를 지키는 경계를

찾는 것이 중요하다.

너무나 당연한 말이지만,

너무나 당연하게 행동하지 못한다는 데

문제가 있다.

눈치는 겉보기에는 세심한 배려처럼 보이지만,

때로는 스스로를 옭아매는 족쇄가 된다.

누군가의 시선을 지나치게 의식하고,

내 행동 하나가 혹여 불편을 줄까
미리 걱정하는 마음 말이다.

백성욱은 이렇게 말했다.
"미안을 닦아 누구를 대하든지 자유롭고 떳떳하며
활달한 마음이 나오도록 해야 하며,
그 위에 예의와 교양이 있어야 한다."
이 말은 단순히 '미안하다'는 말을 줄이라는 뜻이 아니다.
'미안'이라는 마음속 그림자를 지워,
어떤 상황에서도 자유롭게 숨 쉴 수 있는 마음을
만들라는 의미다.
회사 회식 자리를 예로 들어보자.
누군가 옆자리에 앉으라고 권하지만
"저기 앉으면 불편해하실까 봐…" 하고
망설이는 사람이 있다.
겉으로는 배려 같지만, 사실은
상대의 마음을 과도하게 짐작하며
스스로 위축되는 '눈치'다.
'미안'을 닦은 사람은 다르다.

"여기 앉아도 될까요?" 하고 부드럽게 묻고,
상대가 "네"라고 하면 편하게 앉아 대화를 나눈다.
자유롭고 떳떳한 마음 위에 예의가 얹혀 있기에,
상대도 그 편안함을 느낀다.
눈치는 이렇게 될 때 비로소 '배려'로 변한다.

산속의 꽃은 누가 보든 말든,
그저 제 자리에서 피어난다.
그 존재는 자유롭고, 그 향기는 자연스럽다.
우리 역시 누군가를 의식하며 움츠러들 필요는 없다.
자유로움 속에서 예의와 교양을 잃지 않는다면,
그 마음은 누군가를 불편하게 하는 것이 아니라
오히려 더 편안하게 만든다.
결국 '미안'을 닦는다는 건,
눈치를 벗고 자유를 입는 일이다.

26

꿈속의 학교

대구 북성로.

그곳은 마치 시간의 계단을 걷는 듯한 거리다.

일제강점기에 세워진 적산가옥과

근대풍의 벽돌 건물들이

정갈히 이어져 있다.

외벽의 페인트는

세월에 양념처럼 자연스럽게 벗겨졌고,

뜨거운 햇살 아래에서도

담담한 아름다움을 머금고 있다.

골목엔 오래된 공구상과

그 시절을 기억하는 작은 간판들이 남아 있다.

그 위로 젊은 예술가들의 신선한 숨결이

조용히 겹쳐진다.

이곳의 시간은

멈춘 것 같지만,

천천히, 그러나 꾸준히 살아 숨 쉰다.
나는 그 끝에 있는,
적산가옥을 개조한 다방에 앉아 있다.
빈티지한 조명 아래,
한쪽 벽은 오래된 벽돌을 그대로 드러냈고,
그 위로 현대적인 선반과 커피잔들이
조화롭게 놓여 있다.
올드함과 세련됨이 공존하는 공간.
커피 향이 공기 속에 녹아들고,
시간은 느리게 흘러간다.
이곳에서 천천히 커피 한 잔을 음미하며
간밤의 꿈을 상기했다.

어젯밤 꿈에서도 늦게 일어났다.
10시까지 학교에 가야 하는데,
눈을 뜨니 이미 10시였다.
집에서 학교까지는 한 시간 반쯤 걸렸다.
우리는 고3이었고,
수능이 끝난 뒤라 거의 노는 분위기였다.

그렇지만 결석은 허용되지 않았다.
나는 씻지도 못하고
아침도 굶은 채 밖으로 나갔다.
마침 전철이 들어오고 있었다.
그 뒤로는 기억이 없다.
꿈이 더 이어졌을지도 모른다.
아니면 거기서 끝났을 수도 있다.
문제는 내가 향하려던 학교가
실제로 어디 있었는가이다.
만약 도착했다면,
교실과 선생님, 칠판과 학생들이
눈앞에 펼쳐졌을 것이다.
그러나 학교로 가지 않고
집으로 되돌아왔다면,
그래도 그 교실과 칠판, 그 안의 사람들은
여전히 존재했을까.

너무나 당연한 일이라고
생각할 수도 있다.

하지만 이 현실 세계는 꿈과 다르다는
증거가 있는가?
오히려, 오늘날의 과학은
내가 다가가야만 존재하고,
다가가지 않으면 존재하지 않는다고 말한다.
이제 이 사고를 현실에 적용해 본다.
지금 여기 북성로의 다방에 앉아 있는 나에게
이 순간, 에베레스트는 존재하는가.
남극의 펭귄은 존재하는가.

꿈속의 꿈과 같다.
알 수 없지만,
동시에 알 수 없지만은 않은 일이다.
존재는 내가 바라보는 곳에서만 눈을 뜬다.
그리고 나는 지금, 이 커피 한 잔과 함께
아직 이름 붙이지 못한 세계와 눈을 맞추고 있다.

27

바람처럼

바람이 불었다.
나는 느낀다.
계속 불어오다가
살갗을 스치다가 그쳤다.
또 그렇게 바람의 무더기가
왔다가
머물다가
사라진다.

주의 깊게 집중하라.

생각 또한 그러하리니
생각이 오고
머무르다가
사라진다.

바람을 살갗으로 느끼듯이
생각이 생기고 머물다가 없어지는 것을
쳐다보시라.

주의 깊게
쳐다보시라.

IV

이제는 내려놓을 때

28. 업대로 산다는 것
29. 이제는 내려놓을 때
30. 재물과 수행 사이
31. 참나는 잠재의식에 있다
32. 상상은 현실을 만든다
33. 안빈낙도, 나를 다시 붙잡은 말
34. 마음의 노를 저어라
35. 동몽, 나를 구하다
36. 다람쥐는 왜 다시 나왔을까?

손에 쥔 것이 많을수록, 발걸음은 무거워진다.

놓는 순간이 두려워서, 우리는 쥔 손을 놓지 못한다.

하지만 내려놓는 일은 상실이 아니라 해방이다.

비워야만,

그 빈자리에 새로운 빛이 들어온다.

28

업대로 산다는 것

개 한 마리가 있었다.

사람들로 북적이는 시장 거리,

장사가 잘되는 가게 앞에 묶여 있었다.

지나가는 이들은 개를 쓰다듬고,

안아주고, 먹을 것도 주었다.

개는 저자거리의 인기였다.

늘 누군가의 손길을 받으며,

화려하고 따뜻한 일상을 살아가고 있었다.

그러던 어느 날, 낯선 손이 줄을 잡아끌었다.

그 개는 외딴 산중의 절로 팔려갔다.

깊은 산골, 두메산골.

찾아오는 사람도, 움직임도 거의 없는 그곳에서

개는 혼자 남겨졌다.

고요함은 곧 정막이 되었고,

개는 점점 제정신을 잃어갔다.

화려했던 세상이 그리워 마음이 요동쳤다.
그 개가 뭘 잘못했을까?

아무 잘못이 없다.
운명이란 원래 예고 없이 바뀌는 법이니까.
개는 다만, 앞의 세상에 길들여졌을 뿐이다.
만약 처음부터 산속에 살았다면,
개는 고요를 두려워하지 않았을 것이다.
문제는 어디에 있는가?

길들여짐, 습관, 그리고 업(業)에 있다.
우리는 종종 자신이 내린 결정이라고 생각하지만,
그 결정의 바탕엔 업으로부터 비롯된 생각이 있다.
그 생각은 씨앗이 되고,
행동은 그 씨앗에서 자란 가지가 된다.
그리고 그 열매가 다시 우리의 삶을 물들인다.
생각은 나로부터 시작되는 것 같지만,
사실은 오랜 업의 흔적에서 비롯된 반응일지도 모른다.
그래서 괴롭다.

생각 자체가 업에 물들어 있기 때문이다.
우리는 그렇게 업대로 살고,
그 안에서 괴롭거나 만족하며 살아간다.
스스로의 선택인 듯하지만,
어쩌면 이미 결정된 경로를 따라가는 것일지도 모른다.
그래서 우리는 멈춰 서야 한다.
이 길은 정말 내가 선택한 길인가?
지금 이 생각은,
지금 이 반응은…
정말 '나'로부터 온 것인가?
이렇게 스스로 점검하는 순간,
그게 바로 수행의 시작이다.

그 개도 언젠가는 산속의 삶에 적응할 것이다.
몇 해가 흐르면, 시장 거리의 소란함은
까맣게 잊고,
산속 고요함 속에서
새로운 평화를 누리게 될 것이다.
그 순간, 개의 업이 바뀌듯 우리도 바뀔 수 있다.

그 변화는 결코 먼 이야기가 아니다.
마음을 들여다보고, 업의 흔적을 알아차리는 그 순간,
우리는 이미 다른 길 위에 서 있는 것이다.

이제는 내려놓을 때

비슬산 유가사 뒷길을 걷고 있다.
소나무 사이로 햇살이 스며들고, 숲은 적당히 어두워
마음을 가라앉힌다.
나는 연신 헛기침을 했다.
한동안 숨이 가쁘고 목이 답답했다.
하지만 산길을 삼십 분쯤 오르고 나면,
어느새 숨이 트이고 몸도 풀렸다.
세 번째 직장을 나왔을 때,
주역을 공부하는 틈틈이
산에도 오르며
앞으로의 길을 그려보았다.
어쩌면 자유로운 시간이건만,
삶의 자리에서 비껴선 듯했고,
익숙한 무대가 낯설게 다가왔으며,
앞날은 여전히 흐릿했다.

한동안 길이 보이지 않았다.

마음속 지도는 텅 비어 있었고,

발길 닿는 곳마다 문은 쉽게 열리지 않았다.

그 시간 속에서 마음은 조금씩 가라앉아 갔다.

그즈음, 생각이 바뀌었다.

닫힌 문 앞에서 마음의 문을 열어보기로 했다.

주역을 펼치고, 예전의 육효도 다시 꺼내 들었다.

명리 또한 다시 바라보게 되었다.

공부하고 싶던 것들이 하나둘 떠올랐다.

그리고 문득 깨달았다.

이제는 은퇴해도 괜찮은 나이라는 것을.

배움과 가르침의 끈은 여전히 이어지겠지만,

그 손은 예전보다 느슨해도 좋았다.

앞으로는 달려가기보다,

멈춰 서서 숨을 고르는 쪽이

내 삶에 더 어울릴지도 모른다.

은퇴는 끝이 아니라,

새로운 삶이 시작되는 시간일지도 모른다고.

돌아보면 직장 생활은 늘 빠르게 흘렀다.

늘 시간에 쫓기고, 성과에 매달렸다.

그 흐름 속에서 나를 돌아볼 틈은 거의 없었다.

이제는 조금 늦춰도 좋을 것 같다.

내 호흡에 맞는 길을 걸어도 괜찮지 않을까.

이제는 내려놓을 시간이다.

더 멀리, 더 높이만 바라보던 시선을 거두고,

내 앞에 놓인 한 그릇의 따뜻한 국물처럼

지금 내 삶을 음미하며 살고 싶다.

남의 성취에 마음 흔들리지 않고,

내 하루의 작은 고요를

온전히 받아들이는 연습.

내려놓는다는 건 단순히 포기하는 게 아니다.

오히려 진짜 나로 살아가기 위한 출발선이다.

불현듯, 마음이 잔잔해진다.

'과욕(寡欲)'—욕심을 줄여야 비로소 보이는 것들이 있다.

놓치고 살았던 작은 빛, 스치는 바람,

아무 이유 없이 고개를 들게 만드는 하늘의 모양.

이제는 크게 움켜쥐지 않아도 된다.

천천히, 가벼운 걸음으로,

나를 덜어낸 자리마다 스며드는 것들을
그대로 빋아들이며 걷고 싶다.
이 길 끝에서 무엇을 만나든,
그 또한 나의 길일 테니.

30

재물과 수행 사이

나는 가끔,

스스로가 초라하게 느껴질 때가 있다.

돈 때문은 아니다.

정확히 말하면,

돈보다 더 중요한 것이 있다는 걸 알면서도

돈에 쉽게 흔들리는 나 자신 때문이다.

통장의 숫자는

때때로 삶의 무게처럼 다가온다.

노후를 떠올리면 마음이 흔들리고,

풍요를 동경하는 마음이 스치기도 한다.

그 감정은 쉽게 지워지지 않는다.

그리고 그 뒤에는

어김없이 스스로에 대한 부끄러움이 따라온다.

철학을 공부했고,

수양을 삶의 중심이라 믿어왔는데,

그럼에도 벗어나지 못한다는 사실이
가장 아프다.

스토아 철학의 창시자 제논도
원래는 부유한 장사꾼이었다.
하지만 어느 날, 그가 타고 있던 배가 난파했다.
거센 파도와 함께, 전 재산이 한순간에 사라졌다.
그날 이후, 그는 장사의 바다를 떠나
철학이라는 전혀 다른 바다로 항해를 시작했다.
모든 걸 잃은 그 순간부터,
그는 오히려 모든 것을 되찾기 시작한 셈이다.
나는 문득 묻는다.
만약 오늘, 내 모든 재산이 흔적도 없이 사라진다면
나는 과연, 철학 하나로 설 수 있을까?
아니, 그 철학이 나를 버티게 해줄 만큼
내 뼈와 피 속에 스며들어 있는가?
세네카는 말했다.
"가진 것이 아니라,
그것을 잃을까 두려워하는 마음이

인간을 가난하게 만든다."

마르쿠스 아우렐리우스도 썼다.

"우리를 흔드는 것은 사건이 아니라,

그 사건에 대한 해석이다."

두 사람의 말은 비슷하다.

우리의 가난은 잔고에서 시작되는 게 아니라,

그 잔고를 해석하는 마음에서 시작된다.

물론, 극단적으로 먹고 살기조차 빠듯한데

마음을 다스리라 말하는 건 쉽지 않다.

철학은 배고픔을 없애주지 않는다.

하지만 그 배고픔이

나를 집어삼킬 만큼 커지지 않게 붙잡아 주는 건

결국 마음뿐이라는 것도 사실이다.

데일 카네기는 이렇게 말했다.

"모든 고통의 원인은

외적 상황이 아니라

그 상황에 대한 생각이다."

사람은 일어난 일보다,

그 일에 대한 자기 해석에 더 깊이 상처받는다.

재산은 언제나 마음을 흔드는 힘을 지닌다.
비교에 주저앉고,
걱정에 사로잡힌다.
하지만 이제는
그 사실을 숨기지 않는다.
욕망을 없애려 발버둥치기보다,
욕망과 나 사이의 거리를 바라본다.
그래서 이렇게 다짐한다.
"나는 재산을 욕망할 수 있다.
그러나, 그 욕망이 내 주인이 되게 하진 않겠다."
이 말 한 줄이
나를 조금은 자유롭게 해준다.
재산이 아니라,
사유가 나를 지탱한다.

그리고 지금,
이 문장을 곱씹고 있는 내가
바로 철학하는 인간이 아닐까.

31

참나는 잠재의식에 있다

깨어 있을 때,
우리는 '의식'이라는 필터로
행동과 반응을 조율한다.
하지만 잠들면,
최면에 빠지면,
혹은 무의식의 심연에 닿으면
그 필터는 사라진다.
그때 드러나는 건
오직 잠재의식이다.
'삼라만상은 내 마음의 그림자.'
세상은 내 생각으로 만들어진다.
그러나 의식적인 생각만으로
세상은 바뀌지 않는다.
세상을 만드는 힘은
더 깊은 곳에 있다.

나를 오래 지배해 온

잠재의식 속에.

잠재의식은 어떻게 만들어질까.

의식이 세상과 부딪히며 만든

수많은 생각과 감정들.

기쁨, 사랑, 감사, 설렘,

좌절, 실망, 불안, 우울, 죄책감, 질투…

좋은 것이나 나쁜 것이나

모두 그대로 저장된다.

마치 블랙박스가

충격을 그대로 기록하듯.

단, 한 가지 조건이 있다.

잠재의식은

내가 '진심으로 사실이라 믿는 것'만

받아들인다.

그래서

"잘 살게 해주세요"는

오히려 '나는 지금 못 산다'는 명령이다.

그 결핍이 잠재의식에 심어진다.

반대로

"나는 성공했다"는 말은

성공한 '나'를 사실로 저장한다.

의심 없는 믿음이

왜 중요한지 알 수 있다.

잠재의식이 댐이라면

의식은 상류에서 흘러드는 물이다.

희망과 긍정의 물줄기가

댐을 가득 채우면,

현실도 그렇게 흘러간다.

그래서 의식을,

크고 밝은 생각들로 채워야 한다.

밝음, 감사, 기쁨, 성공, 평안…

이 감정들만

잠재의식에게 보내야 한다.

이게 현실적으로

일반인이 할 수 있는 가장 좋은 수행이다.

매 순간,

위대한 생각으로 나를 채우는 일.

하지만 정답은 그 위에 있다.

진짜 정답은

잠재의식을 채워야 하는 것이 아니라,

비워야 하는 것이다.

왜?

잠재의식이 0이 된다면,

그 순간,

현재 의식이 유일한 잠재의식이 된다.

내가 상상한 대로 곧바로 세상이 발현된다.

문제는 이건 고도의 수행이 필요하다는 것.

문 걸어 잠그고,

3년, 10년 화두 참선에 정진해야 한다.

일반인에겐 어렵다.

그래서 차선을 먼저 말한 것이다.

좋은 생각으로 채우는 것.

그렇게 잠재의식을 바꾸는 것.

그리고 세상을 바꾸는 것.

잠재의식은 귀한 보물이다.

여의주다.

단전이고, 환단을 이루는 화로다.
부정적인 생각은
그 보물을 오염시킨다.
그리고 그에 맞는
혼탁한 세상을 창조하게 만든다.
잠재의식,
그것이 곧 참나다.
이것을 보는 것을 견성이라 한다.
인생이라는 게임에서,
이제 참나의 입구에 섰다.
남은 길은 하나,
의식을 위대함으로 채우는 일.
궁극은 생각을 끊는 것.
그러나 어렵다면,
차선은 밝고 긍정적인 생각으로
잠재의식을 채우는 것이다.
잠재의식이 변하면,
세상도 변한다.
변하지 않을 수 없다.

32

상상은 현실을 만든다

잠재의식이 곧 참나라는 사실을 알았다면,

그다음 질문이 남는다.

이 잠재의식을 어떻게 써야 할까?

그리고, 그것을 넘어선 곳에는 무엇이 있을까?

이제부터의 이야기는 조금 더 깊다.

한 철학자가 평생 이야기한 '법칙과 약속'—

그 개념은 잠재의식을 다루는 기술과,

그 너머에 있는 궁극의 목적을 동시에 보여준다.

내가 좋아하는 철학자 중의 한 사람.

그는 바로 네빌 고다드(1905~1972)다.

그는 바비도스에서 태어나

에티오피아계 랍비 '압둘라'에게서 가르침을 받았다.

그리고 성경을 비의적으로 해석함으로써,

상상이 현실을 창조한다는 법칙,

그리고 죽음을 넘는 약속을 전했다.

법칙과 약속.

그가 평생 이야기한 것은 이 두 단어였다.

그가 말한 법칙은,

우리가 진심으로 그린 상상이 현실이 되는 원리다.

약속은 해탈이다.

우리 안의 '그리스도'가 깨어나는 순간,

우리는 더 이상 죽음의 세계로 돌아오지 않는다.

그는 그 순간을 '부활의 아들'이라 불렀고,

나는 그것을 윤회가 끊기는 순간이라 이해한다.

그는 이렇게 말했다.

"이 법칙은 사용해도 된다. 삶의 강풍이 너무

거세기 때문이다."

나는 처음에 이 법칙이 마치 우주의 비밀을 몰래

조작하는 일처럼 느껴져 두려웠다.

상상만으로 현실이 이루어진다면, 언젠가 우주로부터

벌을 받는 건 아닐까?

그러나 네빌은 분명히 했다.

우리는 이 법칙을 사용할 권리가 있다.

왜냐하면 우리는 모두 '약속'을 향해 가고 있기 때문이다.

해탈을 향한 길은 멀고도 험하다.
그래서 그는 말했다.
이 법칙은, 거친 바다에서 잠시 노를 젓는 것처럼
중간중간 사용해도 된다고.
법칙은 여러 책에서 들어본 말이었다.
『시크릿』에서도, 경전에서도,
많은 자기계발서에서도.
그런데 내가 전율을 느낀 건
약속이라는 개념 때문이었다.
우리 안에 '그리스도'가 생겨나
죽음을 넘는 존재가 되는 것.
그게 바로 이 여정의 목적이라는 사실.
그는 단순한 성공이나 명예가 아니라,
삶의 본질적 전환을 이야기했다.
진심으로 그린 상상이 현실이 되는 원리는
놀랍게도,
비슷한 시기에 살았던 백성욱도
같은 이야기를 하고 있었다.
네빌 고다드는 말한다.

"아이에게 최면을 걸고
이 동전이 비스킷이라고 말하면
아이는 그 동전을 구부릴 수 있다."
왜냐하면,
'단단하다'는 인식이 사라졌기 때문이다.
백성욱은 말한다.
"무겁다는 생각을 버리면,
쌀 한 가마니도 들 수 있다."
문화도 시대도 다른 두 사람이,
같은 결론에 이르렀다.
현실을 바꾸는 힘은 바깥이 아니라,
그것을 보는 '내 마음'에 있었다.
세상을 바꾸는 힘은
지식이나 감정보다 깊은,
온전한 믿음에서 나온다.
그 믿음이 현실을 바꾸고,
그 믿음이 잠재의식을 바꾸며,
그 믿음이 해탈을 가능하게 한다.
그런 경지에 이른 자들.

부처, 도인, 선인,
그들은 모두 약속을 성취한 이들이다.
그들은 더 이상
이 세상을 고해의 바다로 보지 않는다.
그들에게 이 세계는
해탈의 길로 이르는 관문이 되었다.
상상은 현실을 만든다.

그러니, 진짜 목적은
법칙 너머의 약속을 기억하는 것이다.
그 약속이 이루어질 때,
우리는 다시 돌아오지 않는다.
우리는 더 이상,
이 무대 위에
같은 장면을 반복하지 않는다.
이것이 네빌 고다드가 말한 진리였다.
그리고 우리는, 지금도 그 길 위에 있다.

33

안빈낙도, 나를 다시 붙잡은 말

부산 오륙도 앞바다가 내려다보이는
투썸의 창가에 앉았다.
짙푸른 바다 위로 작은 배들이 느릿하게 떠다녔고,
멀리 방파제 끝에는 하얀 등대가 서 있었다.
아이스 아메리카노, 치즈케이크 한 조각, 그리고 노트북.
바닷빛이 유리창을 통과해 테이블 위로 번졌다.
그때, 문득 직장을 그만두기로 했던 순간이 떠올랐다.
단순히 지쳐서가 아니었다.
그건, 20대부터 마음속에 품어왔던 오래된 생각
때문이었다.
그 생각은 늘 같은 물음으로 이어졌다.
'정말 중요한 건 물질이나 명예가 아니라
내면의 성장과 진실한 삶 아닐까?'
그런 생각을 할 수 있었던 건,
한때 나의 롤모델이었던

제임스 앨런(James Allen) 덕분이었다.
그는 말했다.
"우리는 우리가 생각한 그대로의 존재가 된다."
나는 그렇게,
생각을 가꾸는 삶을, 배움의 길을 꿈꿨다.
그래서 많은 것을 내려놓고,
직장을 떠나 공부와 배움의 길로 들어섰다.
하지만 막상 그 길 위에 서보니,
이상하게도 마음이 더 흔들렸다.
하루하루가 조용한 줄 알았는데
걱정이 스멀스멀 피어올랐다.
정신적인 세계를 추구하는 일은
물질적인 세계를 추구하는 것보다
훨씬 높은 내공이 필요했다.
그런데 나는 아직 준비가 되어 있지 않았다.
준비 없는 발걸음은
생각보다 큰 대가를 요구했다.
겉으로는 자유로워 보였지만,
속으로는 균형을 잡기 어려웠다.

생활에 대한 걱정,

앞날에 대한 두려움,

남들과의 간격을 의식하는 마음이

엇갈려 다가왔다.

스스로에게 물었다.

'이 길이 맞는 걸까? 내가 잘 선택한 걸까?'

'앞으로 어떤 길이 열릴까?'

현실은 기대보다 냉정했다.

많은 이들은 재물과 명예를 좇는다.

그 속에서 나는 어쩐지

세상과 다른 박자로 걷는 듯했다.

삶의 무게가 조금 더 크게 느껴졌다.

그러나 그 순간,

내 삶을 붙잡아 줄

한 단어가 떠올랐다.

안빈낙도(安貧樂道).

가난을 편안히 여기고,

도(道) 안에서 즐겁게 살아가는 삶.

나는 그 말에

조용히, 그러나 단단히 기대기 시작했다.

안빈.

가난함을 불편으로 여기지 않고,

부족함을 결핍이 아닌 '여백'으로 받아들이는 마음.

이건 단지 동양만의 사상이 아니었다.

헨리 데이비드 소로는

"자발적 가난을 통해 우리는 더할 나위 없이

공정하고 지혜로운 삶의 관조자가 될 수 있다"라고 했고,

톨스토이 역시

"우리는 가난과 재앙을 동의어로 여기지만, 사실 가난은

행복의 원천이다"라고 말했다.

그러니 안빈낙도는 시대와 지역을 넘어,

진짜 삶을 찾으려는 사람들이 마주한

공통된 언어인지도 모른다.

자본주의 사회에서 산다는 건

곧 끊임없는 비교와 경쟁 속에 놓인다는 뜻이다.

물질적 풍요는 분명히 커졌지만,

그만큼 상대적 박탈감과 빈곤감도 커졌다.

'가진 것'이 아니라
'남보다 못 가진 것'이 우리를 더 괴롭힌다.
이런 시대에
안빈낙도는 도피가 아니라 저항이며,
체념이 아니라 선택이고,
패배가 아니라 해방이다.
공자는 그의 제자 안회를 가리켜서,
한 그릇의 대나무 밥과 하나의 표주박 물로써
누추한 삶을 산다면,
다른 사람들은 그 근심을 감당하지 못하는데
안회는 그 생활을 부끄러워하거나 근심하지 않으며
오히려 즐거워하는 모습을 칭찬하였다.
그래서 공자는
군자가 도(道)에 뜻을 두고도
초라한 옷과 음식을 부끄러워한다면
군자가 될 자격이 없다고 일갈한 것이다.
조선시대 유학자 남명 조식 또한
관직에 있는 친구에게 보낸 편지에서
살림이 빈한하여

비록 매일 끼니도 제대로 잇지 못하지만,
허물이 작고 걱정도 없어서
오히려 친구보다 더 낫다고 하였다.
지금 우리는
절대적 빈곤은 벗어난 시대에 살고 있다.
누군가가 '일하고자 하는 의지'를 가졌다면
생계가 완전히 막히는 일은 드물다.
그렇다면,
이 시대의 문제는 '가난'이 아니라
'가난을 못 견디는 마음' 아닐까?
'없는 것'이 괴로운 게 아니라
'남보다 덜 가진 것'이 괴로운 마음.
그 마음이 바로 현대인의 멍든 자화상이다.

안빈낙도는 현실을 부정하는 사상이 아니다.
그건 모순된 세상 속에서
더 인간답게, 더 평화롭게 살기 위한 능동적인 선택이다.
오늘날, 최소한의 삶은 대체로 보장된다.
그 하나만으로도 삶은 이미 큰 선물이다.

그러니 이제는 돈과 지위, 타인의 시선에 매이지 않고,
조금 부족해도 만족하며,
조금 서툴러도 기꺼이 살아가자.
그 삶을 사랑하는 순간,
세상의 잣대는 힘을 잃고,
우리는 마침내 우리 자신의 잣대로 살아가게 된다.

34

마음의 노를 저어라

가을볕이 좋은 날,
금강휴게소 데크에 앉아 강을 바라본다.
따뜻한 햇살이 나무 난간을 타고,
물 위에 은빛 잔물이 반짝인다.
저 물은 멀리 장수군 신무산 자락,
뜬봉샘에서 시작해
굽이굽이 흘러 금강을 이루고,
결국 군산 앞바다, 서해의 품으로 들어간다.
상류에서 시작해 하류로 향하는 길.
물의 운명은 어쩌면 너무나 당연하다.
마음도 이와 같지 않을까.
가만히 두면 상류가 아니라,
하류로 흐른다.
우리는 착각한다.
그저 앉아 있으면 평온할 거라고.

하지만 마음은 챙기지 않으면 가라앉고,

잡지 않으면 흩어진다.

마치 강물 위 작은 배처럼,

흐름에 맡기면 하류로 밀려난다.

그 하류에는 무엇이 있을까?

불안, 초조, 걱정, 고독, 외로움, 절망…

처음엔 잔잔해 보여도,

조금씩 물빛이 탁해지고,

어느 순간부터는 어두운 감정들이

거센 물결처럼 밀려든다.

한시라도 노를 젓지 않으면

우리는 그 감정 한가운데로 끌려간다.

왜 그럴까?

우리 안에는 생존 회로,

아미그달라가 있기 때문이다.

사슴을 떠올려보자.

낙엽 부스럭거림에도 심장이 뛴다.

바람결에도 도망칠 준비를 한다.

그 본능은 오래전 생존에 유리했지만,

지금 우리에겐 과잉 알람이 되었다.
그래서 가만히 있으면
마음은 자동으로 걱정 쪽으로 기울어진다.
방법은 하나,
노를 젓는 것이다.
의도적으로, 상류로 방향을 돌리는 것.
상류에는 무엇이 있을까?
희망, 긍정, 충만감, 기쁨, 평안, 환희…
이런 감정은 저절로 오지 않는다.
힘을 내어 노를 젓는 사람만 그곳에 닿는다.
거창할 필요는 없다.
하루 한 번, 스스로에게 말하기.
"괜찮아, 잘하고 있어."
눈을 감고 감사한 일 다섯 가지를 떠올리기.
아무 이유 없이 친구에게 따뜻한 메시지 보내기.
좋은 문장 한 줄 곱씹기.
이 모두가 마음의 노를 젓는 행위다.
작고 사소하지만,
'의도'가 들어간 행동이

마음을 상류로 데려간다.

그리고 나는 안다.

마음이라는 강에 나 혼자 있는 게 아니다.

수많은 사람이 제각각 노를 젓고 있다.

어떤 이는 지쳤고,

어떤 이는 반쯤 포기했고,

어떤 이는 고요한 얼굴로 나아간다.

나는 누구와 나란히 가고 있을까.

가끔 멈춰 서서

내가 얼마나 하류로 밀렸는지 살핀다.

그리고 다시, 노를 쥔다.

"오늘도 마음의 상류를 향해 나아간다."

이 반복.

이게 수행이고, 생존이고,

삶의 기술이 아닐까?

35

동몽, 나를 구하다

대구의 한 골목 끝, 오래된 벽돌 건물이 서 있었다.
검은 간판에 새겨진 글자 — 9 BLOCK.
폐공장을 개조한 카페라고 했다.
문을 열자, 거친 벽돌과 콘크리트 벽,
높은 천장에 드러난 나무 서까래가 한눈에 들어왔다.
공장의 뼈대와 창틀은 그대로였지만,
그 속에 따뜻한 조명과 긴 우드 테이블이 놓여 있었다.
빈티지와 클래식이 뒤섞인 공간.
마치 오래된 시간을 그대로 품은 채,
다른 호흡으로 살아가는 듯했다.
창가에 앉았다.
커피 향이 은은하게 번졌다.
창밖으로는 작은 정원이 보였다.
도시 한가운데서 이렇게 고요를 만날 줄은 몰랐다.
오늘 낮의 당혹감이,

커피 향 속에서 천천히 가라앉았다.
회사를 떠날 수밖에 없다는 사실을 알게 된 순간,
잠시 모든 것이 멈춘 듯했다.
걸어온 시간이 짧은 그림처럼 스쳐 갔고,
앞으로의 길은 쉽게 보이지 않았다.
그저 발길이 이끄는 대로, 이곳에 닿았다.
공장 시절의 뼈대 위에,
새로운 숨결이 입혀진 공간.
벽돌은 낡았고, 천장에는 세월의 흔적이
고스란히 남아 있었다.
하지만 그 속에는 따뜻한 조명과
세련된 가구가 놓여 있었다.
오래된 것과 새로운 것이
조용히, 자연스럽게 어울리고 있었다.
문득, 내 모습이 겹쳐졌다.
세월의 흔적은 누구에게나 남는다.
아마 회사를 떠날 수밖에 없었던 이유도
그 무게와 연결되어 있을 것이다.
그 생각은 쓸쓸했지만,

이 공간이 눈앞에서 말해주는 듯했다.

낡았다고 끝이 아니라고.

오래된 틀 위에도 새로운 숨결을 입힐 수 있다고.

나도 이 카페처럼 변할 수 있다고.

마음이 조금씩 내려앉았다.

그리고 문득 생각이 스쳤다.

오래전부터 해보고 싶었지만,

늘 일에 밀려 미뤄왔던 것.

지금이라면,

비로소 그 시간을 가질 수 있겠다는

느낌이 들었다.

주역.

젊은 시절 한 번 읽어봤지만, 여전히 어려운 경전.

하릴없는 마음을 달래려다

우연히 유튜브에서 '소통의 인문학, 주역'이라는

강좌를 발견했다.

무려 130강이 넘는 긴 여정이었다.

책을 사고,

커피를 내리고,

책상 앞에 앉았다.

하루 한 강좌만 보자고 마음먹었지만,

영상이 끝날 때마다 '다음' 버튼을 누르고 있었다.

어느새 2강, 3강...

그렇게 다시 공부라는 강물에 발을 담갔다.

석 달이 흘렀다.

하루 서너 시간씩 주역을 읽고, 강의를 들었다.

공부가 거의 끝나갈 무렵,

책장을 덮으며 문득 궁금해졌다.

앞으로 내 삶은 어떻게 될까?

그래서 조심스레 점을 쳐보았다.

그 결과는 '동몽구아(童蒙求我)'.

"어린아이가 나에게 배운다."

산수몽괘(山水蒙卦).

교육을 상징하는 괘였다.

그 뜻도 충분히 의미심장했지만,

나는 그 순간

이상한 울림을 느꼈다.

이건 단지 '내가 가르친다'라는 뜻만이 아니었다.
그보다 더 깊고 조용한 목소리—
"어린아이가 나를 구한다."
이 길로 가야 내가 산다는 뜻일까?
아이들을 구한다는 것이 아니라,
아이들이 오히려 나를 구원한다는 뜻은 아닐까?
막막한 미래 앞에 선 내게
가장 순수하고 겸허한 길,
가장 인간적인 길로
주역은 조용히 손을 내밀고 있었다.
그리고 그때 나는 비로소 알게 되었다.
내가 가장 잘할 수 있는 일,
내가 가장 가슴 뛰는 일,
내가 가장 보람을 느끼는 일,
그 모든 길의 중심에 있는 단어—
교육.

삼월의 물은 나무를 키운다.
내 사주의 기운처럼

나는 언제나
누군가의 새순이
제 빛깔을 따라 자라날 수 있도록
그 곁에서 조용히 함께,
걸어가는 사람이 되고 싶었다.

36

다람쥐는 왜 다시 나왔을까?

맑은 가을 하늘이었다.
사슴목장에서 시작한 산행은 대부분 평탄했다.
간월재까지는 숨이 가쁘지 않은 편안한 트래킹 길.
비 온 뒤라 하늘빛은 더 깊어졌고,
나무들은 한층 깊어진 가을빛을 품고 있었다.
발밑에서 흙냄새가 은은히 올라왔다.
바람은 선선했고, 햇살은 부드러웠다.
그 모든 감각이 겹쳐 오늘 하루가 고마웠다.
그러다 길가에 작은 움직임이 보였다.
도토리를 열심히 모으는 다람쥐 한 마리.
작은 앞발로 도토리를 쥐고,
몇 번 굴리더니 입에 물고 달려갔다.
이 가을의 주인공은 아마도 저 다람쥐일 것이다.
문득, 오래전부터 마음속에 그려둔 한 장면이 겹쳤다.

다람쥐 한 마리가 있었다.

9월까지 부지런히 곡식을 모아두고,

10월부터는 쉬기로 했다.

내년 봄까지 따뜻한 구멍 속에서 몸을 녹이고,

책도 읽고, 사유도 하며 조용히 보내리라 생각했다.

남들보다 조금 이른 은퇴였다.

다른 다람쥐들은 대개 11월까지 곡식을 모으지만,

그 다람쥐는 9월이 끝나기도 전에 이미 멈췄다.

몸이 지쳐서였을까, 아니면 삶의 의미를 되짚고

싶어서였을까.

어쩌면 달리는 것 말고, 사는 것에 대해

더 알고 싶어서였는지도 모른다.

세상은 늘 곡식을 이야기했다.

더 많이, 더 오래, 더 안정적으로.

물론 곡식은 중요했다.

그도 그것을 모르는 건 아니었다.

하지만 그 다람쥐에겐 좋은 땅도, 넓은 손도 없었다.

남들처럼 겨울 끝까지 곡식만 쫓는 건

애초에 불리한 싸움이었다.

그래서 마음 한쪽에는 이런 생각이 자리했다.

"열심히 곡식만 쫓다가 정말 많이 모으면 다행인데,

결과가 고만고만하면 그 시간과 에너지가

너무 아깝지 않을까?"

결국 그는 멈췄다.

굴 안으로 들어가, 조용히 자기 삶을 돌아보기로 했다.

그렇게 10월이 지나고 11월이 되었다.

갑자기, 다람쥐는 초조해지기 시작했다.

내년 봄까지 식량이 충분할까?

계산으로는 큰 문제는 없어 보였지만,

가슴을 누르는 것은 여전히 근심이었다.

굴 안의 고요는 처음엔 포근했지만,

날이 갈수록 공기가 무겁게 내려앉았다.

벽 틈 사이로 스미는 찬 기운,

멀리서 들려오는 바람 소리마저 마음을 흔들었다.

'이래도 되나?'

'지금 이렇게 쉬어도 되는 걸까?'

결국 다람쥐는 굴 밖으로 나왔다.

11월의 찬 바람이 얼굴을 스쳤고,

들판과 숲은 이미 텅 비어 있었다.
손에 쥔 건 시든 껍질 몇 개,
바람에 굴러온 빈 껍데기뿐이었다.
문득, 누군가 했던 말이 떠올랐다.
"너는 이미 충분히 준비해 두었을 거야.
그러니 마음을 놓고,
조용한 자리에서 책을 읽고 사유하며
잠시 쉬어도 된다."
하지만 다람쥐는 그 말이 사실인지 확신할 수 없었다.
어쩌면 곡식이 정말 모자랄 수도 있었다.
그 생각은 마음에 작은 그림자를 남겼다.
하루하루 무엇인가 해야 할 것 같았지만
뚜렷이 손에 잡히는 일은 없었다.
굴 속에 앉아 있어도 편안함은 쉽게 오지 않았다.
밤이 되면 더욱 예민해졌다.
고요 속에서 바람이 가지를 스치는 소리조차
겨울을 앞당겨 들려오는 신호처럼 느껴졌다.
그 작은 소리에 귀가 곤두섰고,
마음은 쉽게 가라앉지 않았다.

다람쥐는 막막했다.
어쩌다 도토리 몇 알을 꺼내 쥐어봐도,
그 무게는 안심을 주기엔 턱없이 가벼웠다.
눈을 감아도,
머릿속에서는 빈 들판과 앙상한 나뭇가지가
끊임없이 떠올라 마음을 흔들었다.

다람쥐 이야기를 하다 보니, 문득 내 모습이 겹쳐졌다.
나는 남들보다 조금 일찍 발걸음을 멈추었고,
더 깊은 것을 찾고 싶어 일을 내려놓았다.
그러나 멈춰 서니 마음은 더 분주했고,
몸은 낯설어졌다.
삶의 조건이 중요하다는 걸 모르지 않는다.
그 사실을 알기에, 흔들림 또한 피할 수 없었다.
하지만,
삶이 반드시 곡식의 양으로만 측정되어야 하는가에 대해
자꾸만 물어보게 된다.
설령 곡식을 많이 모으지 못하더라도,
그 시간에 내 안을 채웠다면

그건 헛된 삶이 아니지 않을까.
그 다람쥐는 여전히 자신을 덥혀주는
조용한 온기를 잃지 않았다.
나는 그 옆에 앉아 배운다.
쉼은 멈춤이 아니라,
다시 나아가기 전의 숨 고르기라는 것을.
그리고 언젠가 우리 모두,
각자의 겨울을 이렇게 건너가길 바라면서.
봄은, 그렇게 온다.

V

나라고 말할 만한 것은 없다

37. 꽃은 그저 피어날 뿐
38. 죽음을 담담하게 맞이하는 힘
39. 로그로 설계된 세상
40. 부딪히면, 장면이 바뀔까
41. 존재하지 않았던 사람들
42. 나라고 말할 만한 것은 없다

우리가 '나'라고 믿어온 것은, 오래된 착각일지도 모른다.

집착하는 이름과 모양이 사라질 때,

그 자리에 남는 것은 무엇일까?

무아의 문턱에서,

존재는 더 이상 경계 지을 수 없는 전체가 된다.

그곳에서야 비로소,

진짜 자유가 시작된다.

37

꽃은 그저 피어날 뿐

동대구역,
유리벽 너머로 여명이 번지고 있었다.
플랫폼 전광판에는 06:30이라는 숫자가 반짝였다.
배낭을 메고 누리로에 올라탔다.
울진으로 여행가는 날,
차창 너머로 익숙하지 않은 풍경이 흘러갔다.
여행길에선 이상하게도 오래전 기억들이
불쑥 얼굴을 내민다.
젊은 시절, 내 책장 한켠에 줄지어 서 있던
'오쇼'라는 이름의 책들처럼.
자유, 사랑, 깨어 있음.
그의 말은 당시 내 마음을 홀리는 주문처럼 느껴졌다.
세월이 지나, 그가 미국에서 추방당하고 병약 속에
세상을 떠났다는 이야기를 들었다.
한 시대를 흔든 스승의 삶도 결국 인간의 서사였다.

오늘 문득 오쇼가 했던 이야기가 떠오른다.
깊은 숲속에 꽃 한 송이가 있다.
그 꽃의 아름다움과 향기를 알아줄 사람이
아무도 없다면 어떻게 될까?
꽃이 죽을까, 괴로워할까, 겁에 질릴까?
아니다. 꽃은 그저 피어날 뿐이다.
누가 지나가든 말든, 아무 관심 없이,
그 향기를 바람에 흩뿌리며
자신의 기쁨을 우주에 바친다.

그대는 못생긴 새를 본 적이 있는가?
못생긴 사슴을 본 적이 있는가?
그들은 미용실에 가지 않는다.
전문가의 도움을 구하지 않는다.
그저 자기 자신을 있는 그대로 받아들인다.
그들의 아름다움은 그 수용성에 있고,
그 수용성 덕분에 스스로 아름답다.
하지만,
인간만이 예외다.

인간만이 자기 자신을 부정하고,

끝없이 다듬고 가꾸면서도

정작 내면은 불안하다.

오쇼는 그 원인을 미래에 대한 집착에서 찾았다.

미래의 안전과 욕망이 현재를 망가뜨린다고 했다.

나는 그 말에 일정 부분 동의한다.

그러나 인간이 미래를 생각하고 준비하는 것은

피할 수 없는 본능이자 한계다.

미래를 준비하는 건 잘못이 아니라,

생존과 성장의 자연스러운 과정이다.

다만, 그 과정에서 남의 시선을

과하게 의식하며 살 필요는 없다.

왜냐하면 나라고 말할 만한 것이 딱히 없기 때문이다.

꽃이나 새가 스스로 꽃이나 새라고 생각하지 않듯이,

자기 자신을 인식의 대상에서

벗어나는 것,

이것이 무아이다.

나라고 말할 게 없다.

산의 꽃이나 숲속의 나무처럼,

누가 보든 말든,
내 향기와 색을
오늘의 공기에 실어 보내면 된다.
나라고 부를 것이 사라질 때,
비로소 삶이 고요히 피어난다.

38

죽음을 담담하게 맞이하는 힘

울진으로 가는 기차 안,

포항을 지나 동해안을 따라가고 있었다.

동해의 물빛은 햇살을 머금어 은빛으로 부서졌고,

터널을 빠져나올 때마다 새로운 파도가

시야에 펼쳐졌다.

손에 들린 태블릿 화면 속,

우연히 마주친 한 블로그 글이 마음을 붙잡았다.

그는 한때 잘나가던 인터넷 쇼핑몰 사업가였다.

하지만 사업이 무너졌다.

신용불량자가 되어 월세방을 전전했다.

40대 후반,

당뇨와 간경화 판정을 받았다.

의사의 말은 차가웠다.

"길면 1년, 짧으면 3개월."

그는 종종 의식을 잃고 쓰러졌다.

안면 골절로 응급실에 간 날도 있었다.
생계는 빠듯했고,
고등학생 아들의 학비조차 버거웠다.
그런데도 그는 죽음을 두려워하지 않았다.
그 이유는 단 하나, 구원의 확신이었다.
죽음 이후 하나님을 만날 것이라는 믿음.
그는 마치 죽음을,
여행을 가기 위해 짐을 모두 싸놓고
부른 택시를 기다리는 순간처럼 느꼈다.
사채업자에게 시달리는 고초 속에서도
주님과 함께하는 그 시간은
세상에서 성공했다면 절대 맛볼 수 없는
평안과 기쁨이었다.
그에게 종교는 단순한 위안이 아니었다.
죽음을 '끝'이 아니라 '여행의 출발'로 바꿔주는 힘이었다.

나이가 들면
신체의 쇠락, 관계의 상실, 경제적 불안이 차례로 온다.
그중에서도 죽음은 대부분 사람에게 가장 큰 공포다.

노년기에 다가오는 죽음은
삶 전체를 삼키는 그림자다.
만약 죽음과 마주할 때
'죽음 이후'에 대한 해석이 없다면
두려움과 허무가 모든 일상을 잠식할 수 있다.
반대로 확고한 신념은
죽음을 덜어내고,
남은 삶을 더 온전하게 만든다.
그래서 노년기에 종교나 확고한 신념은
죽음을 견디는 아주 강력한 장치가 된다.
나 역시 한때 불교의 윤회를 믿었다.
그건 영생처럼 느껴졌다.
그러나 윤회는 결국 업식(業識)의 반복이었다.
한때는 내세 설정이 없는
유교의 시각이 오히려 마음을 편하게 했다.
북송시대 유학자 장횡거는 『서명(西銘)』에서
이렇게 말했다.
"살아 있을 때는 천리에 따라 살다가,
죽으면 편히 쉰다."

삶과 죽음을 모두 자연의 흐름으로 받아들이는 태도.
그 초연함은 사람의 마음을 편하게 하고,
영혼을 자유롭게 한다.
어쨌든, 나이가 들수록
종교나 철학, 혹은 확고한 신념이 있으면
죽음의 두려움을 막아주고,
남은 삶을 더 온전하게 만든다.
그 믿음이나 신념이 반드시 종교적 색채를
띠지 않아도 된다.
깊이 있는 철학이나 단단한 가치관 역시,
종교 못지않게 죽음을 견디는 힘이 된다.
그러다 문득, 나는 죽음을 다른 방식으로 해석하는
상상을 해본다.
만약 이 세상이 시뮬레이션이라면,
내가 눈을 감는 순간, 이 세계도 함께 닫히지 않을까.
그 믿음을 의도적으로 붙잡고 강화한다면
죽음 앞에서도 마음이 흔들리지 않을 것이다.
그렇게 보면, 죽음은 끝이 아니라 또 다른 시작이다.
믿음은,

그 길 위에서 발걸음을 가볍게 한다.
그리고 그 가벼움 속에,
우리는 마지막까지 삶을 온전히 품을 수 있다.

39

로그로 설계된 세상

울진에 도착해 왕피천 공원을 지나
해변으로 발길을 옮겼다.
바람에 실린 짠내.
파도 부서지는 소리가 귀를 간질였다.
모래는 유리알처럼 부드럽고, 발목을 살짝 파고들었다.
저 멀리 시야가 아득해질 만큼 모래밭이 이어졌다.
대충 가늠해도 족히 십 리가 넘을 듯했다.
하지만 문득, 이런 생각이 스쳤다.
과연 십 리가 정말 십 리일까?
혹시 영화 『트루먼쇼』를 본 적이 있는가?
한 남자가 평생 살아온 세상이 거대한 세트장임을
깨닫는 이야기다.
하늘도, 바다도, 사람들도 모두
인공적으로 만들어진 세계.
그는 그 안에서 바깥의 '진짜 세상'이 있다고 믿고,

경계를 넘어선다.

우리가 사는 이 세계도 어쩌면 그와 다르지 않다.

우리도 조그만 어항 속 물고기처럼

제한된 공간에 살고 있을 수 있다.

해와 달은 하늘에 매달린 조명기구일 뿐이다.

이 세계는 영화 스튜디오처럼 정밀하게 꾸며진

작은 무대이고, 그 안에서만 우리는 살아간다.

만약 이 사실을 알게 된다면,

사람들은 아마도 견디지 못할 것이다.

그래서 세상은 '안 그런 척' 위장되어 있다.

예를 들어, 우리는 무한히 큰 우주에 살고 있다고

믿는다.

하지만, 우리가 우주의 끝을 500억 광년처럼

느끼는 이유는 설계 때문이다.

이 세계가 로그(log) 함수로 만들어졌다면

가능한 일이다.

처음 10미터는 실제 10미터.

다음 10미터는 100미터가 압축돼 있다.

그 다음 10미터는 1킬로.

그 다음은 10킬로, 100킬로… 이런 식이다.
이 구조라면 지구는 50평방미터.
태양계도 축구장 하나면 구현 가능하다.
내가 하루 100킬로를 달렸다면,
사실은 50미터 공간을 계속 달리고 있었던 셈이다.
이 틀을 깨는 방법이 있다.
도인들이 터득한 축지법이다.
축지법은 흔히 무협 소설이나 영화에서 등장하는,
짧은 거리를 순식간에 건너는 이동 기술이다.
마치 10미터의 땅을 접어 1미터로 줄인 뒤
걷는 것처럼 묘사된다.
조선 중기 고승 휴정이 금강산에 머물던 어느 날,
하루 반 만에 영남 지역에 도착했다 한다.
휴정의 하루 반 이동은 단순한 기적담이 아니다.
로그로 압축된 무대를 뛰어넘는 상징이었다.
축지법은 로그율로 왜곡된 공간을 따르지 않는다.
1킬로미터가 10미터로 압축돼 있다면,
범인은 여전히 1킬로를 걸어야 한다.
하지만 도인은 실제 10미터만 이동하면 된다.

로그로 설계된 이 세상을 깨는 방법이다.
하지만, 이는 도인이나 고승만 가능하지,
대부분 사람은 이 세상의 구조를 알아채지 못한다.
오히려
눈, 코, 귀, 혀, 몸 등의 감각이
이 구조에 맞춰져 있고,
사고방식도 그 안에서 길들여 있기 때문이다.
그래서 더 많이 가지려 하고,
더 멀리 가려 하고,
더 오래 살려고 애쓴다.
하지만 무대가 작기 때문에
만족은 결코 채워지지 않는다.
이 구조를 눈치 채지 못하게 하는 장치가 있다.
그것이 바로 생각이다.
생각은 끊임없이 흐른다.
그 연료는 욕심이다.
더 가지고 싶은 마음,
더 알고 싶은 마음,
더 오래 살고 싶은 마음이

생각을 끝없이 만든다.
욕심이 있는 한 생각은 멈추지 않는다.
생각이 멈추지 않는 한,
우리는 이 세계의 틀을 벗어날 수 없다.
아마도 다 아는 말일 수도 있지만,
이렇게 정리할 수 있다.
욕심을 다스리면 생각이 다스려진다.
생각이 다스려지면
드디어 생각이 끊어진다.
그 순간, 이 무대의 바깥을 본다.
불교에서 말하는 '적멸'의 세계,
즉 무위법의 세상이다.
양자의 이중슬릿 실험이 보여주듯,
관측되지 않을 때 양자는 파동 상태로 존재한다.
적멸의 세계란,
마치 그 파동 상태의 세상과 같다.
이건 불교만의 언어가 아니다.
종교가 없더라도, 욕심이 줄어들면 생각이 맑아지고,
그 순간 우리는 세상의 경계 바깥을 스친다.

그 경계 너머에서야 비로소,

진짜 '십 리'가 어떤 길인지 알게 된다.

40

부딪히면, 장면이 바뀔까?

간밤에

나는 레이싱 게임을 하고 있었다.

운전대를 잡고, 안경인지 헬멧인지 모를 장비를 쓴 채,

시뮬레이션 속 도로를 질주했다.

현실과 너무도 비슷했다.

노면의 질감,

브레이크 밟는 감각,

차창 밖으로 스치는 도시의 빛들까지.

'이건 가상이지만, 정말 잘 만들었군.'

속으로 감탄하던 그때

문득 궁금해졌다.

'이 안이 가짜라면, 충돌해도 괜찮지 않을까?'

나는 운전대를 돌려

직선으로 빌딩을 향해 달렸다.

충돌하는 순간,

화면이 바뀌었다.

다른 장면,

다른 거리,

다른 속도로,

나는 다시 게임을 시작하고 있었다.

그 뒤로도 몇 번을 더 시도했다.

결말은 늘 같았다.

충돌은 있었지만,

죽음은 없었다.

꿈에서 깬 후에도

나는 그 감각을 곱씹었다.

'지금 내가 사는 이 세계도,

정말 꿈과 같은 것이라면…?'

만약 그렇다면

나도 현실 속에서 차를 몰고

빌딩을 향해 달릴 수 있을까?

그리고 그 순간,

장면은 정말 바뀔까?

하지만

나는 아직 이 세계를 '꿈'이라 부르지 못한다.
어딘가 남아 있는
희미한 두려움 때문일 것이다.
진짜 현실이라 믿는 생각.
이 고통도,
이 욕망도,
이 아픔도,
모두 실제라고 믿는 그 생각.
그 생각이 나를 '현실'이라는 감옥 안에 가둔다.
"생각이 곧 세계다."
불교는 이를 일체유심조라 했고,
네빌 고다드는 상상이 현실을 만든다고 말했다.
나는 그것이 거대한 은유가 아니라
실제 세계의 작동 원리일지도 모른다고 믿는다.
그러나,
내 믿음은 아직 온전하지 못하다.
믿음 없이 믿는 이 모순이야말로
가장 큰 족쇄일지도 모른다.
정말 의심 없는 확신이 있다면,

그 순간, 세계는 장면을 바꾸지 않을까?
다만, 그 믿음으로
조금씩 다가가고 있다.

41

존재하지 않았던 사람들

새로운 직장에 처음 들어섰을 때도
같은 기분을 느꼈다.
게임 속에 들어온 듯,
정해진 룰 속에서
내가 나인 것 같지 않은 시간들.

새로운 직장에서 만나는 사람들은
내가 그들을 만나기 전에는
과연 어디에 있었을까?
객관적으로 존재해 왔다고 믿어야 할까,
아니면 애초에 존재하지 않던 사람들일까?
어쩌면 그들은
파동 형태로 가능성만 있었을 뿐,
내 의식이 향할 때에야
비로소 모습을 드러낸 존재였을지도 모른다.

돌아보니, 답은 하나였다.

내 의식에 없었던, 없는,

그리고 앞으로도 없을 사람들은

애초에 존재하지 않는다.

오직 나만이 존재한다는 생각이 들 때마다

묘하게도 외따로 떨어져 있다는 기분이 스민다.

그러나 지금 돌아보면

그 모든 것 역시

내가 스스로 선택한 시뮬레이션이었다.

그리고 문득,

이 세계에 '나'와 '타인'이

애초에 따로 있었는지도

확신할 수 없게 되었다.

그 순간,

그 세계의 배경과 규칙이

어렴풋이 드러났다.

모든 만남도, 모든 이별도,

결국은 장면이 바뀌는 일이라는 것을.

42

나라고 말할 만한 것은 없다

울진 바닷가, 창 너머로 한낮의 햇빛이 부서졌다.
모래 위로 일렁이는 열기,
바다에서 밀려온 짭조름한 바람이
카페 안까지 스며들었다.
얼음이 찰랑거리는 머그잔을 들어,
시원하게 들이켰다.
바깥에서는 파도 소리가 느릿하게 밀려왔다가,
모래를 스치는 바람과 뒤섞였다.
그동안 참 많이 걸었다.
생각도, 길도.
여행의 끝에서
이제 이 편안한 소파에 몸을 기대며,
그간의 사유를 조용히 내려놓는다.

이 카페에 앉아 있는 사람은 누구인가?

만약 나라면, '나'라고 말할 만한 것은 과연 있는가?
태어날 때 부여받는 사주,
소위 '업(業)'이라 부르는 것.
그것은 내가 아니다.
물론 업은 존재하고,
업은 윤회한다.
수억 겁 동안 생사의 바다를 드나들지만
그건 나와 아무 상관이 없다.
나는 삼세를 초월해
광활한 우주에 가득 차 있다.
나든, 너든, 우리든
아무 차별이 없다.
이 차별 없는 성품은 이름을 달리 불린다.
불성(佛性)이라 하기도 하고,
도(道)라 하기도 하며,
성리(性理), 원신(元神), 혹은 선천의 양기(陽氣)라
부르기도 한다.
그러나 어떤 이름도 그 본질을 다 담지 못한다.
이 성품은 그저 삼계에 두루 퍼져 있을 뿐이다.

반면에

윤회하며 인과를 받는 것,

그것이 바로 업장이다.

불교에서는 식(識), 혹은 식장(識藏), 식신(識神)이라

부른다.

모두 '업을 담고 있는 의식'을 뜻한다.

업장은 나와 아무 관계가 없다.

시간이 곧 업의 생성일 뿐이다.

우리가 진 죄와 관계없이

업은 이 순간에도 태어난다.

성장하고, 소멸하고,

다시 다른 업으로 바뀌어

생성·성장·소멸을 반복한다.

그것이 내가 지은 죄일 수도 있다.

그러나, 설령 그렇다 해도

그건 나와 관계가 없다.

그렇다면 차별없는 성품, 불성은 '나'인가?

불성은 개별성을 갖지 않는다.

'나'라는 표지를 붙일 수 없다.

따라서 불성도 나와 관계가 없다.

결국, 우리는 '나'라고 말할 수 있는 것을

가지고 있지 않다.

다만, 우리는 바로 그 착각 속에서 살고 있다.

나라는 착각,

그 착각이 바로

전도망상이다.

그리고 전도망상 속에서,

끝없는 윤회를 꿈처럼 반복한다.

에필로그 : 픽셀의 깜빡임

나는 종종 이런 상상을 한다.
어느 배 위에서 음악이 흐르고,
사람들은 술잔을 기울이며 웃고 춤춘다.
그러나 배는 이미 하류로 흘러가고 있고,
저 멀리에는 나이아가라 같은 폭포가 기다리고 있다.
그 사실을 아는 나는, 과연 어떻게 해야 할까?
춤을 계속 출 것인가, 아니면 조용히 앉아
지난 삶에 감사하며 마지막 순간을 준비할 것인가.
어쩌면 정답은 없다.
선택은 각자의 몫이다.
다만 분명한 것은, 삶은 유한하다는 사실이다.
오늘의 웃음이 내일을 지켜주지 않는다.
언젠가는 폭포 아래로 떨어지는 순간이 온다.
부처님이 생로병사의 실상을 보고 괴로움에 빠진 것도,
단순히 장래의 근심 때문이 아니었다.

인간의 한계를 넘어서는 길,

곧 도(道)를 찾으려 했던 것이다.

나는 그 도를 화려한 깨달음으로 이해하지 않는다.

산속에 은둔하거나,

모든 즐거움을 포기하는 극단의 길도 아니다.

오늘도 친구와 만나 웃고, 가족과 밥을 나누며,

길을 걷다가도 문득 이런 생각을 한다.

"이 모든 건 픽셀의 깜빡임일 뿐이다."

무아(無我),

존재하지 않는 내가 만들어 낸 허상일 뿐이다.

그 순간 마음은 조금 가벼워진다.

욕망이 일어날 때도, 괴로움이 덮칠 때도,

"이 또한 픽셀일 뿐"이라 되뇌면 숨통이 열린다.

어쩌면 수행은 그리 거창한 것이 아닐지도 모른다.

삶의 끝을 아는 마음으로,

오늘을 놓치지 않는 태도.

그 두 가지를 잊지 않는 것.

그것이 새로운 지혜이며,

걸어가야 할 길이라고 본다.

⟨부록⟩ 에필로그 해제

인생과 도(道)

인생은 즐겁게 살기에도 바쁘다. 매 순간을 즐겁게 사는 것이 잘못일까? 당연히 아니다. 그러나 우리가 종종 간과하는 사실이 있다. 우리는 배 위에서 음악을 틀고 춤추며 즐기지만, 그 배는 이미 하류를 향해 흘러가고 있다. 저 끝에는 나이아가라 같은 거대한 폭포가 기다리고, 언젠가 우리는 그 아래로 추락할 수밖에 없다. 그 순간이 곧 삶의 종료다. 다시 말해, 오늘의 즐거움이 내일의 즐거움을 보장하지는 않는다

사람들은 흔히 현재에 집중하라 말한다. 틀린 말은 아니다. 그러나 우리는 인간인 이상, 다가올 미래의 운명을 외면할 수 없다. 그것은 단순한 걱정이 아니다. 부처님이 어린 나이에 성 밖에 나가 생로병사의 실상을 보고 괴로움에 빠진 것도 단순히 장래의 근심 때문이 아니었다. 인간의 유한성을 근본적으로 깨닫고, 그 한계를 극복할

길을 찾으려 했던 것이다. 결국 문제는 불멸이 아니라 유한성이다. 이 유한성을 어떻게 넘어설 것인가, 그것이 곧 도(道)의 질문이다.

도교와 불교의 도

도는 종교마다 다르게 설명된다. 먼저 도교에서의 도는 영생의 길이다. 얼음을 예로 들어보자. 얼음은 물로 이루어지고, 물은 다시 수소와 산소로 이루어진다. 지금 우리의 모습이 얼음처럼 응고된 상태라면, 도교는 온도를 높여 얼음을 다시 본래의 요소로 환원시키는 방법을 찾는다. 육체라는 물질을 기화시켜 에너지로 바꾸고, 그 에너지의 몸(도교에서 말하는 '양신(陽神)')을 길러 영생을 얻는 것이다.

이렇게 되면 육신을 버리고 에너지 상태로 존재하게 되며, 무한한 삶도 가능하고 어떠한 형태의 변신도 가능하다. 도교의 전승에서 새가 토끼가 되고, 토끼가 나방이 되는 변신은 허무맹랑한 환상이 아니라, 에너지로 존재를 전환할 수 있다는 발상의 은유다. 그래서 인간의 유한성을 불멸성으로 전환하는 것이 곧 도교의 길이다. 그

수련은 결국 '정을 기로 바꾸는' 연정화기(鍊精化氣)에서 시작된다. 하지만 이것이 쉬운 일일까? 전해지는 바에 따르면, 이는 도인들 사이에서 비밀리에 전수되며, 때로는 목숨을 걸어야 할 만큼 위험한 과정이라고 한다.

불교에서 말하는 도(道)는 이와는 다르다. 불교의 수행은 현실의 고통을 극복하는 길이다. 불교는 세상을 개고(皆苦)라 보고, 고통의 원인과 그것을 극복하는 방법을 고집멸도(苦集滅道)로 설명한다. 먼저, 고통의 근원을 살펴보자. 불교에서는 인간의 고통이 '태어났기 때문'이라고 말한다.

12연기에 따르면, 모든 것은 무명(無明)에서 시작한다. 무명으로 인해 업(業)을 짓고, 그 업으로 다시 태어나며, 태어났기에 늙음과 죽음을 겪는다. 이 때문에 불교에서는 도를 추구하는 것을 '무생법인(無生法忍)'이라 한다. 다시 태어나지 않는 깨달음의 방법이라는 뜻이다. 그 방법은 무엇인가? 바로 집착을 끊는 것이다. 집착을 다 닦아서 다시 태어나는 윤회의 굴레에서 벗어나 해탈의 길로 나아가게 된다.

수행의 의미

나에게 수행의 의미도 이와 크게 다르지 않다. 수행은 과거·현재·미래의 괴로움에 대비하는 일이다. 그 괴로움 가운데 가장 큰 것은 역시 '죽음'이다. 이는 부처님께서 "이 세상은 고해(苦海)"라 말씀하신 뜻과 다르지 않다.

그러나 수행은 단순히 죽음을 두려워하는 것이 아니라, 그 죽음을 바라보며 지금의 삶을 더 선명히 살아내는 길이다. 그래서 크고 작은 괴로움이 닥쳤을 때, 마음을 여여히 지켜내며 동요하지 않고 편안함을 유지하는 것이다. 그렇게 정신과 마음을 단련하는 것이 수행의 목표다.

조선의 대학자 화담 서경덕에게도 비슷한 일화가 전해진다. 그는 죽기 전 2년 가까이 병상에 누워 있었는데 임종이 가까워짐을 느끼자, 제자들에게 자신을 메고 나가 목욕을 시키게 했다. 그때 한 제자가 "선생님의 지금 심경이 어떠하십니까?" 하고 묻자, 그는 이렇게 대답했다고 한다.

"삶과 죽음의 이치를 안 지 이미 오래이니, 심경은
　평안하기만 하다."

그러나 누구든 그 순간을 담담히 맞이하기란 쉽지 않다. 더 살고 싶고, 고통을 피하고 싶어 몸부림치다가 결국 죽음을 맞이하는 것이 인간의 보편적인 모습일 것이다. 그렇기에 나는 죽음뿐만 아니라 어떤 괴로움이 닥치더라도 마음이 흔들리지 않도록, 부동심(不動心)으로 지켜내는 것을 목표로 한다. 그러려면 먼저 괴로움이 어디서 오는지를 직시해야 한다. 그 원인은 외부의 사건만이 아니라, 세상과 인간에 대한 우리의 잘못된 인식에서 비롯되기 때문이다. 결국 세상과 인간이 무엇인지, 그것을 바라보는 본질적인 눈이 필요하다고 생각한다.

꿈과 같은 세계

세상은 정말 우리가 흔히 믿듯이, 객관적 물질로 이루어진 것일까? 여기에 대해 여러 종교와 철학자들이 거의 비슷한 통찰을 남겼다. 결론적으로 말하면, 이 세상은 우리의 생각으로 만들어진 세계라는 것이다.

기독교에서는 세상이 하나님의 말씀으로 창조되었다고 한다. 아무것도 없는 상태에서 "빛이 있으라"는 말씀으로 태양이, 달이, 땅이 만들어졌다. 단순한 신화처럼 들리지만, 여기에는 깊은 의미가 숨어 있다.

불교의 원효대사는 "일체유심조(一切唯心造)"라 말했다. 모든 것은 마음이 짓는다는 뜻이다. 우리는 흔히 이를 '세상일은 마음먹기에 달렸다'는 정도로 풀이한다. 그러나 원효의 말은 단순한 마음가짐의 문제가 아니다. 실제로 이 세계 자체가 마음에 의해 지어진 것이라는, 한 차원 더 높은 일갈이다. 『반야심경』은 "색즉시공, 공즉시색"이라 하여, 우리가 실재한다고 믿는 물질은 물론 감정, 생각, 인식마저도 모두 공(空)이라 말했다. 『금강경』은 세상을 꿈, 환영, 물거품에 비유했다. 장자는 '호접몽'에서 인생을 꿈과 같다고 했고, 플라톤조차 이 세계를 '동굴 속 그림자'라 했다.

꿈을 떠올려 보자. 꿈속에서의 사건은 깨어나면 존재하지 않는다. 그러나 꿈속에서는 그것을 분명히 실재라 믿는다. 마찬가지로 지금 우리가 살아가는 이 세계도, 깨치거나 죽음을 맞는 순간 동시에 사라질 것이다. 하지만 우리는 이 세상이 영원히 존재하는 줄 알고 집착한다.

이 통찰은 현대의 시뮬레이션 이론과도 맞닿아 있다.

시뮬레이션 이론은 결코 공상만이 아니라 과학적 근거를 가진다. 대표적인 예가 양자역학의 이중 슬릿 실험이다. 물질은 관찰될 때 입자로 존재하지만, 관찰하지 않으면 파동으로 흩어진다. 내가 잠들어 있을 때, 내가 보지 않는 침대와 책상은 파동 상태로 바뀐다. 마찬가지로 내가 죽는다면, 나의 관찰이 끊기는 순간 세상 자체가 파동으로 흩어지는 셈이다. '나만 사라지고 세상만 남는다'는 발상은 양자역학적 관점에서 그야말로 전도망상(顚倒妄想)이다.

따라서 이 세상은 나와 별개로 객관적으로 존재하는 실체가 아니다. 우리는 꿈속에서처럼, 본질적으로 존재하지 않는 것들에 집착하며 살아가고 있는 셈이다. 예전에 이런 꿈을 꾼 적이 있다. 일본에서 여행을 마치고 돌아오는 길, 공항 세관에서 현금 120만 원을 들고 있었는데 세관원이 그것을 가져갔다. 곰곰이 생각해 보니 그럴 이유가 전혀 없었다. 그래서 다시 가서 돌려달라며 실랑이를 벌이다가 깨어났다. 눈을 뜨고 나니, 그 돈은 어디에도 없었다.

같은 원리를 확장해 보자. 내 통장에 1억이 있든 1천만 원이 있든, 저 앞의 빌딩이 내 것이든 아니든, 결국 '깨고 나면' 존재하지 않는다. 이렇게 생각하면, 우리가 세상에 두고 있는 집착은 조금 줄어들 수 있지 않을까.

마음을 다독이는 주문

세상을 바라보는 인식이 바뀐다고 해서 달라지는 건 없다. 설령 이 세상이 꿈, 시뮬레이션일지라도, 우리가 노력하지 않으면 아무 일도 일어나지 않는다. 밥을 짓지 않으면 여전히 배고프고, 물을 마시지 않으면 목은 그대로 마르다. 그러므로 필요한 것은 인식이 아니라, 그 인식을 삶 속에서 길러내는 마음의 훈련이다. 어떤 대상을 보았을 때, 그것이 진실이 아님에도 내 마음이 흔들린다면 그 순간 "그렇지 않다" 하고 스스로를 다독이는 것, 이것이 수행의 첫걸음이다.

마음을 다듬는 좋은 방법 중 하나는 반복이다. 반복은 마음을 끝내 그것을 사실이라 믿도록 만든다. 예컨대, 어떤 연예인은 허위 학력을 가지고 있었음에도 스스로 너무 강하게 믿은 나머지 끝내 그것을 사실이라 우겼다. 이 예시는 단순한 플라시보 효과나 착시와는 결이 다르다. 처음에는 거짓임을 알면서도, 그것을 집요하게 믿어버리면 마침내 진짜처럼 받아들이게 되는 것이다. 동전을 손에 쥐고 "이건 비스킷이다"라고 한 치의 흔들림도 없이 믿는 순간, 동전을 구부릴 수가 있게 되는 것처럼 말이다. 이처럼 믿음은 거짓도 진실로 바꾸어 놓을 만큼 강력한 힘을 지닌다. 중요한 것은 '진실 그 자체'가 아니라, 우리가 무엇을 어떻게 믿는가 하는 믿음의 문제다.

그렇다면 무엇을 믿어야 할까? 그 답을 정해주는 것이 바로 주문(呪文)이다. 염불이든, 기도문이든, 마음에 새기는 말은 결국 '믿음의 방향'을 정해주는 힘이다. 이는 본인이 가장 믿고 싶은 것을 반복하여 새기는 말이다. 『반야심경』에는 "아제아제 바라아제 바라승아제 모지 사바하"라는 주문이 전해진다. 그 뜻은 곧 "나는 간다, 나는 간다. 저 피안(彼岸)의 세계로 나는 간다"라는 선언이다. 정말 단순한 구절이지만, 삼세의 모든 부처가 이 주문으로 최상의 깨달음을 이루었다고 전해진다. 나의 주문은 이렇게 정리된다.

"세상은 픽셀의 깜빡임이다.

따라서 나는 존재하지 않는다. 나는 무아다."

내 눈앞에 보이는 이 손의 움직임마저 픽셀의 깜빡거림에 불과하다면? 그렇다면 나는 과연 존재하는가. 나는 이렇게 무아를 확인한다.

만약 이 주문을 하루 24시간 내내, 다른 잡념 없이 집중하여 되뇌는 삶을 산다면 어떻게 될까? 책에 따르면, 며칠 혹은 몇 달 내에 전혀 새로운 깨달음의 세계가 눈부시게 열릴 것이라 한다. 물론 이것은 나의 직접 체험은 아니고, 전해 들은 기록이다. 다만 우리 삶이 늘 그렇게 흘러가기는 쉽지 않다. 그래서 하루에 30분, 혹은 1시간이라도 시간을 정해 집중해 보는 것이 도움이 된다. 다른 생각이 끼어들지 않도록 하고, 오직 자신이 믿고 싶은 주문에 전념하는 것이다.

생각 끊기

그러나, 사실 주문을 외는 것보다 더 좋은 방법이 있다. 그것은 바로 마음 작용을 완전히 끊는 일이다. 즉 어떤 생각도 일어나지 않는 상태를 만드는 것이다. 간화선에서 화두를 붙잡아 다른 모든 생각을 끊고, 마침내 화두마저 놓아버리면 텅 빈 공간과 만난다. 이 자리가 바로 분별이 끊어진 자리이다.

왜 이게 중요한가? "삼라만상은 내 마음의 그림자"라는 말이 있다. 세상은 결국 우리의 잠재의식이 드러난 그림자와 같다. 잠재의식은 수많은 생각과 감정이 쌓여 형성된 댐과 같다. 새로운 생각을 멈추면 더 이상 상류에서 물이 흘러들지 않고, 시간이 흐르면서 댐의 물은 서서히 줄어든다. 그렇게 잠재의식은 점차 힘을 잃고, 마침내 고요해진다. 잠재의식을 0으로 만드는 것은 바로 『금강경』에서 말하는 일체중생을 무여열반으로 인도한다는 구절과 맞닿아 있다.

잠재의식이 0이 되면 어떤 일이 생길까? 그 순간, 지금 이 의식만이 유일한 의식이 된다. 그리고 그 의식이 곧 현실이 된다. 예를 들어, 우리가 "해외여행 가고 싶다"고 생각해도 현실은 쉽게 바뀌지 않는다. 왜냐하면 잠재의식 속에는 오히려 "나는 여행 갈 시간이 없어"라는 생각이 훨씬 많이 쌓여 있기 때문이다. 그래서 '못 가는 현실'이 더 자주 나타난다.

하지만 잠재의식을 깨끗이 비워내면 얘기가 달라진다. 현재의 생각이 곧 전부가 되므로, "해외여행 가고 싶다"

는 그 마음이 그대로 현실로 드러난다. 이것이야말로 궁극의 수행법이다. 다만 현대인에게는 이 방법이 쉽지 않다. 생각을 끊은 일은 생각보다 힘들다. 수행에 전념하는 도인이나 스님, 신부나 목사에게도 만만치 않은 길일 것이다.

그래서 우리가 현실적으로 할 수 있는 차선책은, 끊임없이 주문을 외워 특정 생각을 잠재의식 속에 깊이 각인시키는 것이다. 반복을 통해 그 생각이 차지하는 확률이 점차 커지고, 마침내 무아의 세계, 픽셀처럼 깜빡이는 실재가 눈앞에 드러날 가능성도 커진다.

정리하면, 최고의 수행법은 '생각을 완전히 끊는 것'이다. 그러나 그것이 어렵다면, 주문과 염불을 통해 뇌를 속이고 잠재의식을 재편하는 방법이 차선책이 된다. 이것이 네빌 고다드가 말한 "위대한 관념으로 채우기"이자, 제임스 앨런의 철학과도 맞닿아 있다.

일상 속의 수행

다시 강 위의 배를 떠올려 보자. 머지않아, 배는 나이아가라 폭포 아래로 떨어질 것이다. 그 순간 누구도 살아남지 못한다. 시간이 얼마 남지 않았다면 우리는 어떻게 해야 할까? 어차피 죽을 운명이라면 춤추고 술을 마시며 마지막 순간을 즐겨야 할까? 아니면 조용히 앉아 지나온 삶에 감사하며, 죽음은 끝이 아니라 또 다른 시작임을 받아들이고, 무아를 관하며 기도의 마음으로 그 시간을 맞이해야 할까? 그 선택은 결국 우리 각자의 몫이다.

그럼, 우리는 다가올 괴로움을 끊기 위하여 만사 제치고 수행을 위하여 토굴 속으로 들어가야만 하는가? 중요한 건 장소가 아니라, 마음을 다잡는 태도다. 일상에서도 얼마든지 수행은 가능하다. 우리는 여전히 친구를 만나 함께 웃고 떠들며, 때로는 소박한 밥상 앞에 둘러앉아 이야기를 나누기도 한다. 어떤 날은 카페에 앉아 따뜻한 차를 마시며, 또 어떤 날은 산책을 하거나 공원을 걸으며 마음을 달랜다. 가족과는 식탁에서 담소를 나누고, 아이들과 게임을 하며 웃음을 짓기도 한다.

겉으로 보기엔 평범한 일상일지라도, 그 속에 수행의 마음을 품는다면 삶은 달라진다. TV를 보다가도 "이것은 허상이다"라고 자각하고, 욕심이 올라올 때마다 "이건 픽셀의 깜빡임일 뿐"이라 바라보며, 걷는 시간, 운전하는 시간, 잠시 앉은 시간에 염불을 이어간다. 그리고 하루 중 일정 시간을 정해, 자신이 이루고 싶은 주문을 오롯이 외우는 것도 꼭 필요하다. 그렇게 매일 반복하다 보면 오늘보다 더 단단한 내일, 내일보다는 더 자유로운 미래가 쌓여간다. 욕망과 두려움에 덜 휘둘리는, 한결 가벼운 자유다. 그리고 언젠가 큰 고난이 닥쳤을 때, 그 자리에서 마음을 탁 내려놓고 담담히 받아들일 수 있을 것이다. 이것이 바로 현대인에게 필요한 지혜로운 삶이 아닐까 생각한다.

그 골목은 존재하지 않았다

발행일	2025년 9월 24일 초판 1쇄
지은이	여상운 (yourskys@naver.com)
펴낸이	이금희
펴낸곳	도서출판 화서나무

주소	대구시 수성구 청호로 88안길 33-7
전화	053-753-3906
팩스	0504-282-3906
메일	hwaseonamoo@naver.com

ISBN	979-11-994559-0-0

저작권법에 의해 보호를 받는 저작물이므로 무단전재와 복제를 금합니다. 이 책의 전체 또는 일부를 재사용하려면 저작권자와 화서나무의 동의를 받아야 합니다.